プロ弁護士の仕事術・論理術

矢部正秋

PHP文庫

○本表紙図柄＝ロゼッタ・ストーン（大英博物館蔵）
○本表紙デザイン＋紋章＝上田晃郷

はじめに

「ミネルヴァのふくろうは黄昏《たそがれ》とともに飛び始める」

ドイツ観念論を完成した哲学者ヘーゲルは、こういって嘆いた。ミネルヴァとは知恵の女神である。人は、黄昏どきになってはじめて、歴史の教訓を学ぶ。人生の年輪を重ねてはじめて、ミネルヴァのふくろう（知恵）は舞い下りてくる。

＊

新人の弁護士の仕事を見ていると、ヘーゲルのいうとおりである。

一流大学を出て、司法試験に合格し、一年の実務修習を経ているのに、考える基礎ができていない。

レポートがあがってきても、ズバリ本質を突いていない。何がいいたいのかわからない。結論も空理空論だ。ビジネスの現場では使えない。

だが、考えてみれば、これは当然である。彼らはいままで、教科書やマニュアルの世界で生きてきたのだ。しかし、実社会は、人生は、教科書やマニュアルとは完全に断絶している。

弁護士が扱う仕事の大半は、紛争の予防と事後処理である。しばしばそこに巨額のお金が絡《から》む。中核となるのは、相手との駆け引き、つまり交渉である。人の気持ちのアヤを読み、相手の弱みを突き、顧客の有利になるよう紛争を処理する。

知的な仕事というイメージとうらはらに、弁護士が日々直面するのは、人と人、人とカネとの問題である。しばしば、ビジネスパーソンの仕事以上にドロドロしており、人間くさい。

すなわち、弁護士にもっとも必要なのは人間学である。

*

水泳をするには、まず水に飛び込むことである。恋愛をするには、まず異性に接することである。そしてみずからの体験から学んでいく他はない。個々の現実は、それぞれ固有のものだからである。

水泳のアンチョコ本を読み、恋愛のマニュアル本を何冊読んでも、現実には適応できない。現実は常に千差万別、個別的である。現実に適応するには、現実の体験から学ぶ以外に方法はない。

これは、私自身の反省でもある。私も長い間、多くの回り道と失敗を重ねてきた。若いときに多少なりとも仕事のやり方を知っていれば、これほどの汗と時間を費やさずにすんだであろう。

そう考えて、私は自分の弁護士事務所の若い諸君に、ことあるごとに仕事の基本的な考え方を伝えてきた。黄昏になる前にふくろうが飛び立つ手伝いをしたかったからである。本書は、その内容を要約したものだ。

＊

私は弁護士として四十年、国際ビジネスに携わってきた。本書は、その体験のエッセンスを述べたものでもある。

事実と意見の違い、メモのとり方、ものの見方・考え方、他者の読み方……。本書に書いてあることは、どれも一見、平凡なことばかりだ。だが、よく読み込んでいただければ、小手先のノウ・ハウではなく、仕事の根幹にふれるものの見方・考え方を扱っていることがわかると思う。

また、若い人々にとっては、人間という不可解な存在を学ぶ上でも参考になるに違いない。

これらは、ビジネスのあらゆる業界、業種に通じると思う。

本書が日の目を見るに至ったのは、ひとえに吉田宏さんの助言と助力とのたまものである。また、菅原佳子さん、堀米由紀子さん、但馬晶子さんには、資料やデータの収集、原稿の訂正、編集、浄書など、大変お世話になった。皆さんに心からお礼を申し上げる。

矢部正秋

目次　プロ弁護士の仕事術・論理術

第1章　「事実をつかむ力」をつける

仕事のベースは「事実」にある。揺さぶりや感情論に動じず、事実をもって冷静に処する。そんな「弁護士的」態度はどうすれば身につくか。

1　「入り組んだ現実」から何をどうつかむか

2　「まだわからない」ときの思考法

第2章 「自分で考える習慣」をつける

事実に即して論理的、具体的に考える力を弁護士は徹底的に養う。
思考力が仕事力である。知識で武装しても判断を過てば負けるのだ。

第3章 「文章で訴える力」をつける

書くことは考えることだ。メモとレポートで仕事の発想が磨かれる。
書くことは伝えることだ。弁護士は「名コピー」を必死で考案する。

1 「すごい発想」はメモが導く

2 書くことは考えること

第4章 「客観的に見直す習慣」をつける

私たちは「事実の代理人」である。「私がそう言う」のは「事実がそう言う」からでなければならぬ。自分中心をやめた人が成功する。

第5章　「他者を深く読む力」をつける

仕事も運もお金も、すべて人間が運んでくる。人間は性善説では割り切れない。
人間の本性を読む力が必要なのは弁護士だけではない。

第6章 「賢い人生習慣」をつける

仕事で得た知識や技術で人生を豊かにする。豊かな人生から仕事の知恵を得る。
幸福は循環するのだ。黙々と着々と自分を練っていけ。

5 「多忙」と最終的に決別する

プロデュース、編集／吉田　宏

第1章

「事実をつかむ力」をつける

仕事のベースは「事実」にある。
揺さぶりや感情論に動じず、事実をもって冷静に処する。
そんな「弁護士的」態度はどうすれば身につくか。

1 「入り組んだ現実」から何をどうつかむか

「考え違い」を避ける第一歩・事実と意見を区別するアメリカの幼児教育

木下是雄氏（学習院大学名誉教授）は、米国の小学五年生用の教科書を見てショックを受けた。「事実」と「意見」を区別することの重要性を、くり返し教育しているからである（『理科系の作文技術』木下是雄　中央公論社）。

教授が手にした教科書には、次のような記載があった。

①ジョージ・ワシントンは米国のもっとも偉大な大統領であった。

②ジョージ・ワシントンは米国の初代の大統領であった。

このうちどちらの文が事実の記述か？　意見と事実はどう違うか？

この程度なら答えは簡単である。ワシントンが「初代の大統領」であるというのは事実を述べているにすぎない。だが、ワシントンが米国の「もっとも偉大な大統領」であるか否かは、人によって判断が異なる。人によってはリンカーンこそもっとも偉大な大統領というかもしれない。つまり、①は意見であり、②は事実である。

教授の引用する米国の教科書には、さらに多くの記載があった。「スミスの犬は羊を殺す」は判断であり、「私はスミスの犬が一匹の羊を殺すのを見た」は事実の記述である。「大学のフットボールは衰微しつつある」は判断であり、「多くの大きな大学では、フットボール・チームの経費が入場料収入を上回る速さで増加しつつある」は事実の記述である。

私たち日本人は、学校教育で事実と意見を区別する大切さを学んでいない。米国とは大変な違いである。

他人との会話でも、新聞や雑誌を読むときでも、文章を書くときでも、事実と意見とを明確に区別することは大切である。事実と意見を聞き分け、読み分け、書き分けることは、社会生活の根本であるといえよう。

ちなみに法律家にとってもっとも重要なのは、「事実」と「主張」の違いを区別することだが、ベテランの法律家でもこの二つを区別しないことが多々ある。

日頃、私たちは事実と意見を分ける習慣が希薄だ。だから、ものごとを気分で判断することになる。

日常生活で話題になることのほとんどは、伝聞や推測や噂などの「事実もどき」にすぎないが、人々はそれを「事実」と信じてしまう。とくに、「蓋然性《がいぜんせい》の高い推測」と事実を簡単に混同する。「たぶんそうだろう」と思ううちに、人はやがて、それを事実と信じてしまう。

判断の根拠を自問したり、証拠を確認することをしない。その結果「あるもの」を「ないもの」と思い、「ないもの」を「あるもの」と誤ってしまう。

「事実らしいこと」をどう扱うか ・事実とは何か、意見とは何か

ところで、「事実」とは何か？

「実際にあったことがらで、誰も否定することができないもの」（『新明解国語事典』第五版　三省堂）である。「誰も否定することができないほど明らかである」ためには、それなりの証拠の裏づけが必要である。

では「意見」とは何か？

意見とは、「ある問題についての、個人の考え」（『新明解国語事典』）をいう。つまり、「意見」は対象についての個人の考え（主観）にすぎず、必ずしも客観的なものではない。意見も解釈も、事実のような客観的に明らかな裏づけを必ずしも有しないのだ。

事実と意見の違い

	事実	意見
意義	実際にあったできごと	ものごとについての私の判断
特徴	客観性（言葉の世界の外に存在する）	主観性（言葉によって成立する）
存在根拠	証拠	説得力
存在成否	ある事実は存在するかしないかのいずれかである（排他律）	意見は多数、成り立つ（併存律）

先述の木下是雄氏は、「事実とは証拠をあげて裏づけすることのできるもの」とし、「意見とは何事かについてある人が下す判断である。他の人はその判断に同意するかもしれないし、同意しないかもしれない」とする。

こう考えると、意見だけでなく、解釈、推測、伝聞、伝承、伝説、議論、仮説、理論、予測、感想なども「事実」ではない。たとえ事実たりうる蓋然性が高い場合でも、これらは客観的な証拠による裏づけがない、という点で共通している。

したがって、以下、「事実」以外は一括して「意見」ということにする。

「確信」を過信してはならない・事実は遅れてやってくる

裁判の主な争点は二つある。一つは法を適用する前提となる「事実」であり、もう一つは法をどう「解釈」するかである。

裁判では、法の解釈より「事実」をめぐる争いが圧倒的に多い。「事実は何か」をめぐって、原告と被告は激しく対立し、論争する。

たとえば、走行中の車のエンジンから出火した場合、製造物責任訴訟では出火部位をめぐって深刻な争いとなる。パイプから油漏れしたのか、電気系統のショートか、タバコの火の消し忘れか。出火原因をめぐり、原告と被告が、事実解明のため膨大なエネルギーと費用を投入して争う。メーカー、ディーラー、サブディーラー、弁護士、鑑定人、裁判官など数十人が事件に関与し、ときには数年にわたって争われる。

そのあげく、思いがけない事実が発見されることがある。ガソリンスタンドの整備員が清掃時にボロ切れをエンジンルームに置き忘れたことが出火原因だった！　メーカーの責任でも、運転者の責任でもなかったのである。

弁護士はこんな経験をよくするから、何が事実かについてきわめて慎重になる。裁判の現場で熾烈な争いをしていると、事実は決して手軽には入手できないことが肝に銘じてわかってくる。

このように、事実は一筋縄《ひとすじなわ》ではいかない。事実は多面性、潜在性、部分性という特徴をもっているからである。

①事実の多面性

事実を観察する場合、観察する主体により事実の見え方が違う。

事実は裏づけのある客観的な事象である。にもかかわらず、事実はときに曖昧《あいまい》で多面的である。つまり、ある事実は、究極において観察する人の主観や、基準、視点と切り離せない。

②事実の部分性

事実の全体像は決して明らかになることはなく、常に部分的事実しか明らかにならない。

③事実の潜在性

事実は、即時に明らかになることはなく、時間の経過に従って少しずつ明らかになっていく。

事実はこのような特徴を有するから、「自分は事実を知っている」と安易に確信しないことが大切である。新聞やテレビで知ったといっても、自分で経験したわけではないだろう。知っているつもりでも、よく考えてみれば、伝聞に基づくことがほとんどである。「エイズは同性間でしか伝染しない」とか、「鶏インフルエンザは人に伝染しない」とかいっていても、あとで簡単にひっくり返る。事実は遅れてやってくるのが通例だ。だから、安易にマスコミや公式発表を信じないことである。

五十代になってようやくわかったことは、人間はいかに注意深くても、大量の情報に接すると、必ず影響されるということである。自分では正しいと思っていたことが、実は大量の情報に影響された結果であり、結果的に間違っていたことが結構多いことに私は気づいた。

2 「まだわからない」ときの思考法

視点の「数」をまず増やしてみる・事実と伝承を区別したヘロドトス

紀元前六世紀頃、欧州の東方ではペルシア帝国が、その西方ではギリシアが勃興した。両者の小ぜりあいが続いた後、史上初の東西抗争であるペルシア戦争が勃発する。

歴史家ヘロドトスは、ペルシア戦争の経過を後世に伝えるため、大著『歴史』を書き残した。

彼はギリシアの植民都市ハリカルナッソス（今のトルコ）出身であったが、ギリシアの立場に片寄らず、歴史を客観的に記述しようとした。

彼は当時まれにみる旅行家であった。南はエジプト、東はバビロン、北は黒海と、生涯のほとんどを旅に費やしている。

各地を旅したヘロドトスは、噂と自分の見聞とが違っていることを、おそらく何度も経験したであろう。旅を通じて、伝聞と事実とは異なることを、肌身にしみて知ったに違いない。

彼の入手した資料は、伝説、伝承、風聞の類《たぐい》だったろう。だが、彼は一つの見方だけでなく、数多くの見方に言及することを原則とした。

「私の義務は、伝えられているままを伝えることだが、それを全面的に信ずる義務が私にあるわけではない」とヘロドトスは語っている。

ギリシアとペルシアの争いの発端については、さまざまな説が流布していた。問題は、王女イオが略奪されたのか、みずから出奔したのかであった。

ペルシア側の学者の説では、争いの因を成したのはフェニキア人であったという。（中略）フェニキア人はそのアルゴスへ着くと、積荷を売りさばいたが、到着後五、六日目、商品も大方売り尽くした頃、女たちが大勢海岸へやってきて、その中には王の娘も混じっていた。（中略）このときフェニキア人は互いにしめし合わすと女たちに襲いかかった。たいていの者は逃れたが、イオは他の幾人かの女たちとともに捕えられた。フェニキア人は女たちを船に乗せるとエジプト指して出帆していった、という。（中略）フェニキアの所伝はペルシアのそれと一致しない。つまりフェニキア人はイオを掠奪してエジプトへ連れ去ったのではなく、イオはアルゴスで、例の船の船長と関係を結んでいたのだという。ところが女は、自分が妊娠したのを知ると、両親の手前を恥じ、自分のことが露顕せぬようにとみずから進んでフェニキア人と同船し出奔したのだという。

以上がペルシア人とフェニキア人の伝えるところである。私はしかし、それらのことについて、その経過がそのとおりであったのか、あるいはそれとは違っていたのか、ということを論ずるつもりはない。

私はただ、ギリシア人に対する悪業の口火を切った人物であることを私自身がよく知っている、その人物の名をここにあげ、続いて人間の住みなす国々（町々）について、その大小にかかわりなく逐一論述しつつ、話を進めてゆきたいと思う。（『歴史』ヘロドトス　松平千秋訳　岩波文庫）

ヘロドトスは、ペルシア側の説にもフェニキアのいい伝えにも組みせず、ただ、「そういう噂がある」と記述した。彼は、先入観を捨て、一つの事件を多くの視点から記述する原則をうち立てた。

この方法論は、現代の民事裁判にも受け継がれている。判決では、「主張」と「証拠」を区別し、主張はさらに、「原告の主張」と「被告の主張」欄に区別して記載する。

ヘロドトスが生きた時代は、日本でいえば縄文時代の晩期にあたる。竪穴《たてあな》式住居に住み、採取生活をしていた時代である。もちろん文字は伝わっていない。

このような時代に事実と伝承とを明確に区別した人物がいたことは、考えてみれば驚くべきことである。

「敵の視点」で事態を見直せ

・留保つきで「事実」を見る

ヘロドトスのすごさは、他人の話を丸飲みせず、何人もの話を聞いて多角的に事実に迫ろうとしたことだろう。それでも事実が不明なときには、彼は何の推測をも加えずに、真偽不明のことは不明であるとした。

人は自分に都合のよいようにものを見、語るものである。だから、他人がどういおうと、自分で確認していないことを事実と考えるわけにはいかない。

ヘロドトスは、断定をできるだけ避け、「知らないことは知らない」と認めた。

この考え方は何の変哲もないように見える。だが、実は、成熟した人間にしてはじめて達成しうる視点である。

弁護士もヘロドトスに倣《なら》いたいものだが、実はなかなかできない。

民事裁判のために顧客と打ち合わせるとき、こちらに不利な情報や、こちらにマイナスの証拠を集めようと意識しても、顧客は簡単に口を開いてくれない。顧客から提供されるのはほとんどが、こちらに有利な情報ばかりである。

「これではおかしい」と顧客の話を留保つきで受け取ればよいのだ。だが、それができない。顧客の一方的な話を聞いているうちに、やがて信じてしまう。事件の一部しかつまびらかでないのに、それが事件の全体だと思ってしまう。

事件を受任した当初は、「顧客の勝ち目は五分五分」と中立的に判断していたのに、次第に、「顧客が有利だ」と思うようになってくる。そして、反対説や異説を無視してしまう。自分の一方的な確信に反する意見や証拠には心を閉ざし、柔軟なものの見方ができなくなる。

顧客の話を鵜呑《うの》みにするのではなく、「敵」の視点から事実の発掘をしたほうが、長い目で見て、こちらの勝訴につながる。それはわかっている。だが、わかっていながらできない。

私が多くの訴訟体験から学んだことは、「どんなに確実だと思える事実も、必ず留保つきで見る必要がある」ということである。

このように留保つきでものごとを見てはじめて、自分の「事実」と相反する「事実」に心を開くことができる。そして、真相の周辺まで近づくことができるようになる。

「根拠のメモ」をつくろう・拉致報道に見る誤った「事実」報道

ヘロドトスであればなさないであろう間違いを、二千五百年も経た現代のマスコミが犯している。北朝鮮による拉致《らち》事件の報道がその典型である。

二〇〇二年九月の小泉純一郎首相の北朝鮮訪問により、ようやく明らかになった十三人の拉致被害者に関する情報は衝撃的だった。

たとえば毎日新聞は、拉致被害者八人が「死亡」したことを、あたかも「事実」のように報じている。もちろんそんなことはない。現在に至るも死亡の事実は確認されていない。

> 「八人死亡、五人生存」。首脳会談直前、北朝鮮外務省の馬哲洙アジア局長が伝えた安否情報は驚愕すべき事実だった。首相の表情はこわばり、険しい顔で出迎えた金総書記と握手を交わした。（二〇〇二年九月十八日付毎日新聞朝刊。傍点筆者、以下引用の傍点同じ）

「八人死亡」の報道は、毎日新聞に限ったことではない。他の新聞も似たりよったりである。

九月十八日付朝日新聞には「拉致、八人死亡　五人生存」と全面抜きの見出しが躍っている。さらに政治部長の署名入り記事で、「北朝鮮の金正日総書記ははじめて拉致の事実を認め謝罪した。それでも拉致された八人がすでに亡くなっていた事実はあまりにも重い」とし、八人の死亡を事実として扱っている。

北朝鮮が述べた死亡時の年齢、時期、死亡状況を具体的に検討すれば、八人の死亡は事実ではなく、疑わしいものであることがわかったはずである。

よく読めば、この日の各紙には、関連情報として、北朝鮮の発表を疑問視する意見も掲載されている。家族が「死亡を信じることはできない」とくり返したこととか、警察庁が「生死など事実関係を慎重に確認する必要がある」とコメントしたことなどだ。

だが、これらの記事はわずか数行にすぎない。全体的には「八人死亡」の印象が圧倒的で、トーンは「驚くべき事実」風にまとめられている。「驚くべき事実」だと断定されてしまえば、北朝鮮の発表がまったく未確認の疑問情報であると、読者はまず思わないだろう。

事実こそは、すべての判断の根源である。事実か主張かを見きわめずしてジャーナリズムは成り立たない。

裁判で勝つためには、主張する事実すべてについて、証拠が必要である。証拠がなければ裁判で勝つことはできない。

多くの裁判官は事件ごとに自分用の「手控え」をつくる。手控えには、原告、被告の主張する事実ごとに、それに対応する証拠があるかどうかを記載する。裁判では、どんなに高邁《こうまい》な主張でも、証拠がない限り無価値である。すべてに証拠が必要だ。

同様にビジネスでも、判断を下す場合には、それに見合う根拠があるかどうかを検討することが必要だ。

私たちの判断は、デフォルメ（誇張）されたイメージに基づき、何らの根拠もなく、なされることが多い。だから、判断の根拠となった事実をあげていくと、根拠が薄弱であることに驚かされることがある。

判断する際には必ずその根拠をメモしてみるべきだ。そうすることで自分の判断の確実さ加減がわかる。一度、この手法を使って、自分の日頃抱いている意見の確実性を検討してみるとおもしろい。いかにあやふやな根拠に基づき、ものごとを判断しているかがわかるだろう。

「情緒狙いのアピール」に注意せよ・事実と意見の境が曖昧な日本の報道

プロであれば、どんなに衝撃的なニュースであろうと、一歩立ち止まって真偽を考えるべきであったろう。そうすれば、北朝鮮の発表は、自己の利益のためにする「主張」にすぎないことが容易にわかる。

死亡時の年齢、時期、状況を具体的に検討すれば、八人死亡説に当然疑念をもったはずである。常日頃から情報を吟味し、軽信しない心構えをもっていれば、衝撃的なニュースに対峙《たいじ》する姿勢が違ってくる。

ヘロドトスのように、一つの意見だけでなく、複数の意見をクロス・チェックして事実に迫る手法をとっていれば、こうも一面的な報道にならなかったはずである。事実と意見をはっきり区別しないで報道されては困る。

日本の全国紙の発行部数は、いずれも数百万部。世界の中でも群を抜いている。その影響力は絶大で、世論を主導する役割を果たしている。

しかし、毎日新聞や朝日新聞に限らず、日本のマスコミは、事件報道と意見とを明白に区別しない。事実と記者の意見との境目が曖昧なまま一体化している。客観的な報道をするような体裁をとりながら、実際には未確認の「事実もどき」を確定的な「事実」のように報道する。

私は疑問に思っているのだが、日本のマスコミは、客観報道の形を取りながら、実は読者の情緒にアピールすることを狙っているのではないか？　読者の感情や情緒のうねりを巻き起こすことを狙っているのではないか？

一種のセンセーショナリズムである。そのことが結局は売上増につながるからである。そう思えるほど日本のマスコミ報道は「事実」を軽視し、事件報道中に自分の主観をすべり込ませている。

ヘロドトスを引き合いに出すまでもなく、日本のマスコミの欠点は明白である。

①事実と意見を選別せず、当局の一方的な発表モノも丸飲みしてしまう

②自分の先入観に合わない反対意見は受け入れず、小さくしか扱わない

③複数の相反する情報を提示せず、白か黒かを断定する

裁判を通じて徹底的に事実と意見の違いをたたき込まれた私の目には、日本のマス

コミは未熟に見える。

多くの日本人は「人の性は善なり」と信じ、他人を軽信する。また、権威に盲従しやすい。マスコミや権威を安易に信じるのではなく、一度理性のフィルターに通してから真偽を判断する習慣をもちたい。そうでなければ、日本の社会は揺れ動く情緒の共同体になってしまう。

発言はなぜゆがめられるか ・ビジネス現場に蔓延する事実軽視

事実を軽視する風潮は、ビジネス界でも蔓延《まんえん》している。

以前、顧客の日本企業が米国で特許訴訟に巻き込まれたときのことだ。同社の法務部長が、対応策を立てるために、急遽《きゅうきょ》、相談に来た。部長は交渉相手の米国企業が突然訴えたことに憤慨しており、「こんな言いがかりの訴訟には簡単に勝てますよね」と尋ねる。

私は事例をあげながら、次のように助言した。

①仮に言いがかりだとしても、陪審の判断は予測がつかないから、一流のアメリカの特許弁護士を雇って、徹底的に反論する必要がある

②当初は徹底的に争うべきであるが、弁護士の費用が高額なために、ディスカバリー（証拠開示）が進んだ段階で、和解の可能性を探る必要がある

部長はメモをとりながら、うなずいて聞いていたので、私は何の疑問ももたなかった。だが、だいぶ後になって、部長がトップ宛に出した報告書を偶然見る機会があり、びっくりした。

「弁護士との打ち合わせ結果」と題するメモには、私の助言と彼の意見が混然一体となった文章が延々と続くのである。どの部分が私の意見で、どの部分が彼の意見か、わからない。

私の助言内容は、その性質上、私の「意見」にすぎないが、私が助言したことは「事実」である。彼は、私の助言と彼の意見を、項目を分けるなどして区別してトップに報告すべきであった。

結論は「この訴訟は言いがかりであり、不当訴訟であるから勝訴できる。最後まで

徹底的に争う必要がある」となっていた。

この手のメモはときどきお目にかかるが、あまりにもひどい。彼は私の助言をデフォルメし、自分の方針を私の助言であるかのように報告したのである。社長はおそらく、私が徹底抗戦を主張したと思うであろう。

なぜこんなメモをトップに上げたのだろうか。

法務部長としては、おそらく米国で訴訟を起こされたことがまずいのであろう。トップから「紛争があったのに、なぜ事前に報告しなかったのか」と叱責されるのを避けるため、私を隠れ蓑《みの》に使ったのではないか。弁護士が「言いがかり訴訟」「不当訴訟」といったとすれば、社長の手前も何とか取りつくろえるであろう。

このように私は、部長が自分の保身のためにメモを書いたのではないかと、当初は考えた。

しかし、部長の日頃の行動類型から判断すると、この部長も、どうやら事実と意見の区別を知らないのではないかと、いまでは思っている。

真相はわからないものの、いずれにせよ部長失格だと思うが、どうであろうか。

3 「もっともらしさ」には落とし穴もある

報道は「疑いながら」活用すること・旧石器捏造事件に見る「事実」の崩壊

一九九三年、毎日新聞は「五十万年前　日本に原人」との見出しで「旧石器の発見」を一面トップで報じた。そして、発見者のF氏を「天才的眼力」の持ち主ともち上げた。

旧石器が出土した宮城県栗原郡築館町の「高森遺跡」は、北京原人が出現したのとほぼ同じ約五十万年前までさかのぼる遺跡であることが十二日、石器出土層真上の地層などの科学的な年代測定で導き出された。国内各地での旧石器出土で可能性が指摘されていた「日本列島での原人在住」を決定づける初の資料。（一九九三年五月十三日付毎日新聞朝刊）

ところが七年後、同じ毎日新聞は、今度はＦ氏の「旧石器捏造《ねつぞう》」をトップ記事で報じた（二〇〇〇年十一月五日付毎日新聞朝刊）。

報道によれば、十月二十二日の早朝、Ｆ氏は高森遺跡の発掘現場に姿を現わし、周囲を見渡して誰もいないことを確認した後、石器数個を埋めた。

毎日新聞の一面には「旧石器発掘捏造」「調査団長のＦ氏『魔がさした』認める」などの見出しがある。二面には「教科書、書き替えも（必要）」、三面には「未成熟な『旧石器研究』」、さらに二十七面には「崩れた太古のロマン」「『神業の発掘』その陰で」の見出しが続いた。ポケットから石器を取り出し、穴の中に埋めるＦ氏を写した三枚組の写真も同時に掲載された。捏造のようすは逐一ビデオに記録されていた。

毎日新聞の完璧なスクープだった。二十年来の神話が崩れ去った瞬間だった。

こうして学会、マスコミ、果ては専門の論文や教科書でさえ「事実」と疑わなかった旧石器の存在が否定されるに至った。Ｆ氏を「天才」「神の手をもつ男」ともてはやしたマスコミは、今度は一転してＦ氏を糾弾する側に回った。

この事件の教訓は、マスコミは確実なウラも取らずに情報を垂れ流し続けるということである。

疑うことを知らずに知力は育たない ・日本的思考の欠落点

事件を振り返ってみると、この事件には日本的思考の欠陥が凝縮している。欠陥のいくつかをあげる。

①事実感覚が欠落している

日本人は「事実は何か」を検証する手続抜きに、ものごとを手軽に信じてしまう。要は、事実感覚が欠落している。

F氏が参加した踏査のうち、九十三回（九一パーセント）で石器が発見された。一人の人物が九〇パーセント以上という驚くべき石器発見率を示しながら、他の人々はほとんど見つけないという状況を、考古学界は異常とも思わなかった。それほどF氏を「天才」と信じてしまった。

②業績と人柄とは別であることを、肌身で感じてはいない

Ｆ氏個人の性格や熱心さや人柄のよさは、学問的業績とはまったく無関係である。人柄のよい人も悪い人も、同じように業績をあげるし、また、あげないであろう。それは石器の発見とまったくかかわりのないことである。

③権威に弱い

日本人は概して権威に弱く、権威者に盲従する傾向が強い。権威者の判断も単なる一つの仮説にすぎないのに、あたかもそれがゆるぎない真実であるかのようになっていった。

日本の考古学会では、「発見こそが事実である」とか「考古学の方法論に本来、捏造などない」という前提があるそうである。だから、石器を埋め込んだ状況証拠が多数あっても、一笑に付されてきた。

捏造事件が発覚した後、考古学の研究者たちは「Ｆの捏造が巧妙であったから」とか、「自分はお人好しすぎて人を疑うことを知らなかった」と自己弁護する。学問する者だからといって、人を疑うことを知らないようでは困るのである。性善説を信じて人を疑わない人は、学問には向かない。

実は、このスクープ以前にもF氏の捏造を疑う声はあった。たとえば竹岡俊樹氏（共立女子大学非常勤講師）は、早くからF氏の捏造を警告していた。

竹岡氏によると、日本の考古学研究では石器を判別する鑑識力のない「エライ先生」が「××型石器だね」といえば、その「お言葉」が一人歩きしてしまうという。社会の身分関係が、そのまま学問の分野にもち込まれるのである。

それが今回の事件であった。

日本社会は、私たち自身が考える以上に権威主義的である。日本人は権威を仰ぎ見る性癖がまだまだ濃厚である。

裁判での当事者は、相手の容赦ない批判と反論に必ずさらされる。そうでないと事実を確定できないことが、今までの長い歴史の経験からわかっているからである。

それは法律学だけにとどまらない。学問の歴史の成果なのである。だが、わずか数年前の当時の考古学会はそうではなかった。

事実は万人に開かれているわけではない。事実は多面的であり、部分的であり、潜在的である。

この障害を越えて事実に至るのは、一握りの知的少数者であることを、捏造事件は示している。

4 マイナスを知ることが真実に迫ること

情報には「情」が絡む・マイナス情報は必ず隠れる

誰しも自分に不都合なことを見たり聞いたりするのは、決して気分のよいことではない。だから、多くのマイナス情報は、上層部に上がる途中で握りつぶされてしまう。もっとも、最近ではトップがマイナス情報を握りつぶすのだから、トップの質も落ちたものである。

三菱ふそうの欠陥隠し事件、カネボウの粉飾決算事件、道路公団の鋼鉄製橋《きょう》梁《りょう》工事談合事件……。最近の企業トラブルの多くは、一握りの勇気ある人の内部告発によって発覚している。

不都合な情報をすくい上げるシステムは機能していなかった。これは、いかにマイナス情報がつぶされやすいかを物語っている。

企業トラブルはこうして初発の行動に立ち遅れることから、さらに深く潜行し、拡大してしまう。

数年前、厚生省（現・厚生労働省）が医師や薬剤師に対し、医薬品や医療器具の事故や副作用についての報告状況を調べたところ、惨憺《さんたん》たるありさまだった（二〇〇〇年六月二日付朝日新聞）。

病院長に対して「すべて報告する」と答えたのは三六パーセント、「ほとんど報告している」が一三パーセント。両方合わせても半数に達しない。

さらに厚生省に対する報告については「報告したかどうかわからない」が約六〇パーセント。「すべて報告する」「ほとんど報告する」はそれぞれ九パーセントにすぎない。厚生省に報告しない理由は、「報告制度を知らない」が四三パーセント、「報告書式が手元にない」が一五パーセント、「上司や院長の決済が必要」が九パーセントだった。

当時と比べて状況は改善されたものと信じたいが、実態はどうであろうか。

いずれにせよ、マイナス情報は隠れることを前提にシステムづくりをしなければ、そのシステムは有効に機能しない。この点は、後に述べる唐の皇帝・李世民《りせいみん》が設けた「諫議太夫《かんぎだゆう》」の制度が、興味を引く。

不利な情報を嫌えば勝利に嫌われる・マイナス情報を隠す鑑定書のからくり

いわゆる鑑定書と称するものにも、いかがわしいものが少なくない。

職業柄、私は、筆跡鑑定、医事鑑定、技術鑑定など多くの鑑定を見てきたが、裁判所に出される鑑定ですら、いかがわしいものがある。大学教授、医者、弁理士などの専門家の鑑定は、素人目《しろうとめ》にはたいそう権威があるように思える。だが、実は問題が大ありである。

近藤誠医師（元・慶應義塾大学医学部付属病院）は、事実や解釈をねじ曲げて、病院に有利な鑑定をする例を、怒りを込めて語っている。

病院側に過誤があるようなケースでも、しばしば被害者側が敗訴する。その理由の一つは鑑定だ。医学的知識に乏しい裁判官は、鑑定に頼って判決を書こうとし、大学教授などその分野の権威に依頼する。ところが事実や解釈をねじ曲げて、被告病院に有利な鑑定をする者が少なくないのだ。そういう鑑定書を見るとき、僕の胸は怒りでいっぱいになる。（二〇〇一年九月十九日付朝日新聞）。

たとえば特許紛争が起こったときに、自社製品が他社の特許を侵害していないか確認するため、社外の技術者や弁理士に鑑定を依頼することがある。このような鑑定は社内で検討するためなのだから、できるだけ客観的に、自社の有利な点と不利な点を記述すべきである。

だが、顧客企業に有利な点だけを取り上げて鑑定する例が実にしばしば見られる。企業の担当者が、鑑定を依頼するとき、自社に有利な鑑定を出してくれるように、それとなく頼むからである。

他社の特許を侵害している旨の鑑定を出されると、担当者は今まで放置した責任を問われる。あうんの呼吸で鑑定者は依頼企業に有利な鑑定をする。担当者にとっても、とりあえずはハッピーなわけである。

特許権者という相手のあることだから、こんなやり方はまずいのだが、とりあえず社内は大いに盛り上がる。「念のためもう一つ鑑定を取ったほうがよい」などと正論をいう者がいても、「そんな弱腰でどうする」といった上司の叱責が返ってくる。

いつでもどこでも、遠くを見る者は嫌われるものである。

だが、裁判を担当する弁護士にすれば、このような私的鑑定は一文の価値もないどころか、かえって有害である。「顧客企業が他社の特許を侵害している可能性もある」と弁護士が考えたとしても、社内は非侵害に固まっていて、侵害の可能性をも視野に入れた万全の対策を取り得ないからである。

危ないとわかったら、設計変更とか、相手とのライセンス交渉とか、打つ手はある。だが、こちらが有利という鑑定なのだから、それができない。

相手方がこちらの弱点を攻めてくるのは確実なのに、無策のまま受けて立つことになる。こうして交渉はこじれ、裁判を起こされ、高額の賠償金を払う羽目になる。

それもこれも、自分に不利益な情報を嫌ったツケである。だが、社内では誰も本当の原因に気がつかない。「担当弁護士の失敗」で処理されがちである。

「事実の領域」はこう広げていく・マイナス情報の聞き上手だった平岩外四氏

情報を集めるといっても、都合のよい情報だけを集めてしまっては、判断を誤る。情報は正しい判断をするために集めるのである。自分に不都合な情報や反対意見も、都合のよい情報を集める以上の情熱をもって集めなければならない。

大きな組織では、トップに近づけば近づくほど、都合のよい情報が集まってくる。トップになると、近寄ってくるのは、得てして、きれいごとや耳ざわりのよいことだけをささやくような輩《やから》ばかりになる。だから、マイナス情報を手に入れたいなら、待っているだけではダメだ。

元経団連会長の平岩外四《ひらいわがいし》氏（元東京電力会長）は、財界一の読書家と知られる方だが、唐の第二代皇帝・李世民を尊敬している。

唐王朝による全国統一を成し遂げた太宗・李世民ほど、マイナス情報を重視した皇帝はいないという。

太宗の美点は、自己の欠点をよく知り、謀臣の言葉をよく入れて、改めるべきことは速やかに改め、その直言を少しも怒らず、感情を害することもなく、逆に直言してくれた者には必ず、『特別ボーナス』を出した——と評されている。

（『帝王学』山本七平　文藝春秋）

しかも、李世民は、「諫議太夫」というポストまで用意し、仮にトップがその直言に怒った場合も、その者の身に危険が及ばないように配慮していた。

平岩氏も、在任中、みずから「最近の東電はどうだ」「東電の欠点は何だ」と聞いて回った。さらに社内の情報を掘り出し、責任をもってトップに報告するコーディネーター役を誕生させている。

その目的は、「情報のセクショナリズムを防ぎ、タテマエ上からは上がりにくい『ホンネ情報』を取るため。とくに『マイナス情報』については最優先」という。

社内にありながら、あえて上部の耳に痛い情報を届けてくれる人材を見つけられるかどうか。同時に、そうした耳に痛い情報にも、冷静に耳を傾けられる度量をもてるかどうか。それがトップの器量というものだ。

いや、トップに限らない。部下をもつ者の器量であろう。

5

「プロの疑い方」とは？

情報戦では「まじめさが勝つ」とは限らない

・まじめな人は情報に左右されやすい

仕事のよくできる人はまじめな努力家と思われがちだが、情報感度に関する限り、この構図には「?」マークをつけたほうがよい。

情報に踊らされやすいミーハー族だけでなく、どうやら、まじめな人も簡単に情報に踊らされるようなのだ。

青木宏教授（大妻女子大学・食物学）のゼミでは、首都圏に住む大学生の男女五百二十四人を対象に、「おいしさ評価」に関する実験を行なった。

「カマボコなど賞味期限が切れたものはまずく感じるか」「二分の一カロリーのマーガリンは味が薄く感じるか」など、味の嗜好《しこう》に関する質問をし、答えによって、「情報に影響されやすい」グループと「されにくい」グループを導き出した。さらに、それぞれのグループ数十人に「赤信号でも車が来なければ渡るか?」「牛乳パックの回収には協力するか」などと質問し、性格や価値観を知り、それと味に関する質問の答えとの相関関係を割り出した。

その結果、「社会正義感が強い」「まじめ」「刺激を求める」といった傾向の強い人は、「ミーハーな人」と並んで、情報の影響を受けやすい傾向があることが、くっきりと浮かび上がったという。(一九九五年五月十一日付朝日新聞)

理想主義派で、正義感が強く、誠実、まじめを身上としている人は、要注意だ。情報に接するとき、よほどしっかりした姿勢を保つようにしていないと、気がついたときには、すっかり情報に流されていたということになりかねない。

ちなみに、情報に踊らされないタイプは、「現実的」で「寛容」な人だという。

さらに、情報にほとんど影響されることなく、自分自身の「個」をしっかりもっている人は、百人中、たった五人程度にすぎないという。

人はいかに情報に左右されやすいか、改めて思い知らされる。

疑い深さから考え深さが生じる　・正しく疑わないのは無知の証拠

日本人は性善説が好きである。

私はかってマッキンゼー社のビジネス・スクールで、ビジネスマンにアンケートを取ったことがある。すると「国際取引でも大切なのは誠意である」という参加者がほとんどで、性悪説は評判が悪かった。

日本人には、人を疑うことは悪いことだという思い込みがあるようである。

だが「疑う」ことは、決して悪いことではない。むしろ、事実を発見する重要な第一歩となることが多い。

まだ三十代の頃、私は、ヤメ検（検事をやめた弁護士）の先輩弁護士と数年間、一緒に仕事をしていたことがある。驚いたのは、先輩がきわめて疑い深いことだった。

ある偽造株券事件を扱ったときのことだ。

若かった私は「仲間にだまされて犯罪の片棒をかついだ」という依頼人の言葉をそのまま信じていた。彼は名家の出を名乗り、ダブルの背広を着こなし、高そうなブランドものの時計をし、人当たりもよかった。

いまから思えば、これらはすべて詐欺師の特徴なのだが、若い私にはそれがわからなかった。

だが先輩は、「彼は主犯格の一人」と疑っていた。本人との打ち合わせの後で、「依頼人は『偽造株券であることを知らなかった』といっているが、どうも怪しい」とか、「仲間と口裏を合わせているに違いない」などと、依頼人と一定の距離を置いて、言い分をチェックしているのである。

私は、「検事は人を疑うのがショウバイだ。そのクセが抜けないのだろう」くらいに思っていた。

ところが、後になって、依頼人はそれまでも同様の経済犯罪を重ねてきた結構なワルだったことが判明したのである。この事件でも、依頼人は、仲間にだまされたのではなく、だました張本人だった。つまり主犯だったのである。

この先輩弁護士との仕事を通じて、私は疑うことの大切さと、疑わないことの愚かさを知った。

依頼人の言い分が事実かどうかを見抜くのは弁護士業の基本である。当時の私は、人間について無知なヒヨッコ弁護士にすぎなかった。

「みんなが」ですませてはそこから前に進めない・自分で判断するチェック点

日本人は「個」が弱く、人を簡単に信じる傾向が強い。とくに、権威ある人の意見はすぐに信じてしまうところがある。「東大教授がいったのだから正しいだろう」「有名人がいっているのだから正しい意見に違いない」などと安易に思い込む。

たとえばテレビ番組で、「ラズベリーが内臓脂肪をとる」「イカスミでがん予防」「あずきで血液サラサラに」などと放送する。すると、その日の夕方には、全国のスーパーから、ラズベリーやイカなどが姿を消してしまうらしい。

日本中が、揺れ動く情緒の共同体となってしまっている。

情報に接しても、丸飲みする前に、自分自身のフィルターを通して取り入れるようにしなければならない。

立ち止まって一呼吸を入れ、まわりの意見を充分に聞き、それでいて、最後はそこから離れて、自分でゆっくり結論を出す。こうした努力を続けていけば、やがて自発的で、自立的な判断力が育ってくる。自立的な判断力こそ、どんな仕事にも、もっとも強く求められる力である。

第2章

「自分で考える習慣」をつける

事実に即して論理的、具体的に考える力を
弁護士は徹底的に養う。思考力が仕事力である。
知識で武装しても判断を過てば負けるのだ。

1 考える力はどうすれば深められるか

私たちは本当に考えているのか・意識は誘蛾灯に吸い込まれる蛾

ある日曜日の午後、ＪＲの駅で私は電車を降り、階段を上り始めた。階段の上から赤ちゃんを胸に抱えた若い母親が、あわてて駆け降りてくる。私が降りたばかりの電車に乗るらしい。発車のベルが鳴り響く。「危ないな」と私が思ったとたん、母親は階段を踏みはずし、赤ちゃんを胸に抱いたまま二、三段、転がり落ちてくる。とっさに私は母子を抱き止めた。

この電車を逃しても、次の電車は十分もすれば来るだろう。赤ちゃんを抱き、買い物バッグを下げて階段を駆け降りるなど、無謀である。あのまま転げ落ちたら、赤ちゃんもろとも大けがをしていたかもしれない。

今回はたまたま無事にすんだが、こんなことをくり返していたら、いつかは大けがをするに違いない。この若い母親の行動は、軽率きわまりない。

だが、これと似た例はよくあることである。

よく考えてみると、私たちもこの母親と何ら異なることがないのだ。目の前の外的刺激にとらわれて、無意識に反応してしまう。一瞬立ち止まって考える余裕がない。

私たちは日頃ものごとを考えていると漠然と感じている。だが、実は本当に考えてはいないのではないか。「自意識がある」ということと、「考える」ということとは別であろう。

考えるときは脳の前頭葉が活発に働くのだが、通常はあまり働いていないに違いない。精神をコントロールする意識をもたないと、私たちの精神はただ外界のできごとに連動して、むだに、無意味に動いてしまう。意識は、誘蛾灯《ゆうがとう》に吸い込まれる蛾のように、現実に吸い込まれてしまうのである。

たとえば通勤電車の中で、中吊《づ》り広告を見て、買う気などなかった週刊誌を駅で買ってしまった。隣りの乗客に足を踏まれて、舌打ちをしてしまった。横の男が体を押しつけてくるので、腹の中で「コンチキショー」と叫んだ……というように、精神は絶えず思いもよらぬ方向に動いていく。放置しておくと、意識は外界の状況に連動して脈絡もなく動く。

放っておくと、外界のさまざまな刺激に次々と引きずり込まれてしまうのが、人の普通の姿である。

外界との連動をいったん遮断《しゃだん》し、意識的に意識の対象を一つのテーマに向けないと、私たちは、日々、壮大なむだをしながら時間を過ごしていることになる。目の前の現実にただ反応するだけでなく、現実から一歩身を引き、理性のフィルターを通す時間を一瞬でももちたいものである。

こんなとき人は「考え」をなくす・ケータイを使っている? 使われている?

ある日の午後、ジムでトレーニングをしていたら、四十代はじめと見える夫婦が、ケータイ（携帯電話）二台をかたわらに置きながら、ストレッチ運動をしていた。それだけでも異様なのに、電話がかかってくると夫婦はストレッチをやめ、返答しているのである。どうやら株の売買情報をやりとりしているらしい。うるさいのもうるさいが、そこまでやるとは驚きだった。

その後、もっと驚いたことがある。JR四ツ谷駅のトイレで、小用を足しながらケータイで話している学生を見たのだ。若者のことと許せると思ったが、香港に出張したとき、ホテルのトイレでも同じような光景に出くわした。四十代半ばの中国人ビジネスマンである。これには心底あきれた。

彼らは自分のもっともプライベートな時間まで、他人の干渉を許しているのである。自分ではケータイを使っているつもりなのだろうが、これではケータイに使われている。いや、他人に使われているのである。小用を足す時間も惜しんで話をしなければならない重要なことだとは思えない。要するに、着信音に自動的に反応しているだけである。自分というものがまったくない。

ケータイを多用する人は、一種の躁状態にあると思われる。外部から注入される情報を無批判に受け入れ、自分で考える余裕もなくアウトプットする。多くの場合、ジャンク情報を入手し、それを出力するにすぎない。

饒舌は人を愚かにする。私はケータイをできるだけ使わない。使うのは家族間と数人のきわめて親しい人々との間だけである。

私はこのスタイルを押し通す。

「そんなことでは仕事にさしつかえる」と私は思わない。ケータイを使うか使わないか、どのように使うかは個人の考え方による。つまりケータイの使い方にも、その人の個性が表われる。

2　「考えなければならないこと」の発見

「考えないこと」を決めるのが考えること・考える三つの類型

こう考えてみると、私たちが「考える」と思っていることには、いくつかのパターンがありそうである。

よく見られるのは次の三つである。

［レベル1］外界の刺激に習慣的に反応、反射的に行動しているだけで、意識して考えてはいない状態

［レベル2］雑念やアイディアや断片のたぐいが、泡のように頭の中をよぎっている状態。一つのまとまった考えに結晶しているわけではない

［レベル3］考えを注ぎ込み、考え抜いて新しい視点に至る状態

レベル3が、ここでいう「考える」ということである。

レベル3のよい例が、米国メジャーリーグで活躍するイチロー選手と松井秀喜選手だ。二人は野球のスタイルも個性もまったく異なるが、きわめて似た考えをもっている。それは「自分の支配できることとできないことを見定める」ことである。

問題に直面したとき、二人はおそらく次の手順で対処する。

①状況が支配可能か否かを見きわめる
②支配可能な場合は、問題を解決するために最善を尽くす
③支配不能な場合は、あきらめて気にしない

二人とも、自分がコントロールできることとできないことを峻別する。

コントロールできないものの典型が、たとえば「他人」であり「世間の評判」である。これに対して、自分の欲望や意欲をコントロールすることは、困難ではあるが可能である。

とりあえず「不可能」と縁を切る

・考える人イチロー選手と松井秀喜選手

イチロー選手は、メジャーリーグでの首位打者争いについて聞かれると、決まって答える。「他人の打率は、僕がコントロールできるわけではないから、意味のない問いですね」と。

世間は移り気である。数試合不振が続けば「イチロー音なし」「三試合連続無安打」などとマスコミにたたかれる。活躍すると「強肩イチロー三封」、「絶好調」とほめそやされる。技術的には変わらなくても、毀誉褒貶《きよほうへん》は変化する。

しかし、ライバルの打率をイチロー選手は支配できないし、世間の評判もコントロールできない。支配できないものを気にして悩んではきりがない。イチロー選手にとっては、悩むこと自体が無意味である。

松井選手も一時はマスコミにたたかれた。打率が二割四分台に下がった頃、ニューヨーク・タイムズ紙は、内野ゴロの多かった松井選手を「ゴロ王」と皮肉った。ヤンキースの球団オーナーは「私たちが契約したのは、こんなにパワーのない打者ではない」と批判する始末だった。

しかし松井選手もまた、こうした批判をほとんど無視する。批判されても気にしないし、また発奮の材料にもならない。

松井選手の言葉は、イチロー選手のそれと酷似する。


そういうことをいちいち気にしていたらやっていられません。逆に批判を書かれて、発奮の材料になるということも僕の場合はありません。人の書く記事などは僕のコントロールできることではないし、自分のコントロールできることをしっかりやっていく、というのが僕のスタンスですから。（二〇〇三年六月七日付朝日新聞「語る松井秀喜」）


朝日新聞の記事は、二人の「哲学」について、次のようにコメントする。

自分に制御できることと、できないことを峻別する。これができれば、少なくともあせりの感情からは解放される。人は、制御できないことをコントロールしようとするから、心を乱す。字にするのは容易だが、きわめて難しい内面の作業を、イチロー選手と松井選手はさらりとこなす。（二〇〇三年七月一日付朝日新聞）

支配できることと支配できないことを見きわめるのは、実は、そう容易ではない。対象から一歩離れて事態を冷静に見つめる目と、強靭な理性がない限り、できない相談である。

限定して考えたほうが原理は見つかる・「支配可能」と「支配不能」の見きわめ

哲学者デカルトは述べる。

万事そういう角度（筆者注・最善を尽くしてもダメなものは、支配外にあるものと認めること）から眺める習慣がつくまでには、長い修練とたびたび反復される省察が必要なことは認める。昔、運命の支配から逃れ、数々の苦しみや貧しさにもかかわらず、神々と至福を競うことができた哲学者たちの秘訣も、主にこの点にあったと思う。彼らは、自然によって自分にあらかじめ限界が定められているか絶えず考察し、自分の力の範囲内にあるものは思想だけしかないことを完全に納得していたので、それだけで、他のものごとに対するあらゆる執着を脱し得たからだ。(『方法序説』デカルト　谷川多佳子訳　岩波書店)

イチロー選手や松井選手のような二十代の青年が、支配できることとできないことを見きわめることの大切さを体得し、実践していることを、私は手放しで感嘆する。このような考えに至るためには、デカルトもいうように深い思索と長い間の心の修練が必要である。

おそらく、若いときからスターとして世間の注目を浴び続け、辛酸をなめた結果、得た哲学に違いない。

こういう哲学をもつためには、問題に対して距離を置いて考える心の余裕が何よりも必要だ。だが、多くの人は、目前の問題に右往左往するばかりで、心の余裕をもつことができない。

きわめて少数の人のみが、問題点を把握し、対応策を考え、実行する。このようなプロセスをくり返す過程で、生きる原理原則を体得していく。経験から抽象的原理を抽出し、日々これを実践する。

イチロー選手と松井選手も、このように現実を学んでみずからの哲学を体得したに違いない。

この抽象化能力こそが、二人が一流であることの証明である。

3 権威を疑うことは自分を信じること

教養は「人物保証」にはなり得ない・学問や教養は人を油断させる

日本人は、ことのほか学者や知識人に弱いようである。
作家の司馬遼太郎さんが、「教養」について語っている。

やはり学問は人生のパスポートですね、いつの時どの国のどの場所に行っても、学問があり、高い教養があるということは人を油断させるものですな。こんなに物を知っていて立派な人は、まさか悪いことはしないだろうと思う。（一九九七年八月十五-二十二日号「週刊朝日」）

たしかに、学歴とか教養は、一種の目くらましとして人を油断させる。

偏差値秀才であれば学歴を積むことはできる。言葉を飾って文化人らしい教養を感じさせることも容易である。なのに日本人は権威に弱い。あきれるほど弱い。弁護士も、その例にもれない。

マスコミも同様である。専門家をありがたがる半面、専門家でもない有名人に見当違いのコメントを求める例も多い。そんな有名人のコメントには、権威づけのためのネームバリューや職業を必要とする。

試みに名前、職業を伏せて、純粋に意見だけを読んでみるとよい。それがいかに凡《ぼん》庸《よう》であり、ときに片寄っているかがわかるだろう。

学問や教養があるからといって、立派な人物というわけではもちろんない。学問や教養は、その人の倫理観や道義観とは何の関係もない。司馬遼太郎さんは、学問や教養は世間を渡るために有用であることは認めながらも、そのいかがわしさを警告したのである。

思い込みを離れると自由が近づく・トイレの中の王侯

自分で考えることの第一歩は、この「権威に弱い」ことの克服なのだ。権威から離れ、権威から自由にならなければ、自分なりの考えなどもてるはずもない。

思想家モンテーニュは世間の常識を腑分《ふわけ》け（解剖）し、それが幻想であることを分析するのに巧みだった。たとえば王様の権威も、彼にかかっては形なしである。多くの部下に守られてトイレを使っている王様を、モンテーニュはこう皮肉る。

　私は、一人の分別のある人間にとって、便器にまたがっているところを、二十人もの人に見守られていることが、何か大した幸福であるなどとは一度も考えたことはない。（『ミシェル城館の人』堀田善衛　集英社）

当時、キリスト教を否定するのは社会的な自殺を意味したから、あからさまに神を否定することは危険だった。それでも彼は、神の権威を柔らかに否定して「私は奇跡というものには、断じて手をふれぬのである。私はいささかも神学には通じていない。私は神学のことなど、いっこうにわからない」といい放った。

このようにモンテーニュは王侯や神学、そして裁判などの権威を否定した。彼は権威者と知的に同等、いや優位に立っていた。

権威は本来、固有にあるものではない。人々がそう思い込むから権威があるのである。つまり「あの方は偉い」と思うのは、単なる思い込み（主観）にすぎない。「ほらバスタブの裸の王様を見てごらん。ただの人」――権威に固有の価値があるのではない。それを認めない人にとって権威は何の値打ちもない。モンテーニュはそう指摘し続けた。

彼には、弱者の蔑視もない。強者への劣等感もない。モンテーニュはみずからの精神の王国をもっていた。誰にも服従する必要がなかったのである。

「心酔」「傾倒」の問題点・「静然上人もただの年寄りだ」

モンテーニュより二百五十年前、日本にも兼好法師というリアリストがいた。彼の著作『徒然草』の第百五十二段にある静然上人《じょうねんしょうにん》のエピソードは有名だ。

奈良に西大寺という真言律宗の総本山がある。この寺の長老に良澄というお坊さんがおり、八十歳の長寿を保って静然上人と呼ばれた。腰が曲がり、眉《まゆ》が白く、実に徳の高そうなありさまであった。その上人が、宮中に参上したときの描写だ。

西大寺の静然上人、腰かがまり、眉白く、まことに徳たけたるありさまにて、内裏《だいり》へ参られたりけるを、西園寺内大臣《ないだいじん》殿、「あなたふと（尊）のけしきや」とて、信仰の気色《きしょく》ありければ、資朝卿《すけとものきょう》これを見て、「年の寄りたるに候《そうろう》」と申されけり。

後日に、むく犬のあさましく老いさらぼひて、毛はげたるをひ（引）かせて、「この気色《けしき》、たふとく見えて候」とて、内府《だいふ》へ参らせられたりけるとぞ。

静然上人のようすを見た内大臣が「ああ何と尊いごようすであることか」と、上人の風貌に傾倒する気配であった。だが、これを見た権《ごん》中納言の日野資朝は、リアリストであった。「それは仏教の功徳《くどく》によるものではない、ただ年を取っただけだ」と切って捨てたのである。

それだけではない。後に資朝は、ひどく年取ってやせ衰え、毛のはげたむく犬を「この犬は尊く見えます」といって、内大臣に献上した。

内大臣・西園寺実衡は親幕派の名門だ。一方の資朝は後醍醐天皇の腹心として北条氏追討を企てたくらいだから、資朝の皮肉には毒がある。社会的な身分や権威の虚飾を剝ぎ取って、上人を一個の人間以上には見ない醒《さ》めた目が感じられる。

考えるということは、どのような権威にも縛られずに、自分で自由に考えることだ。誰に対しても、ためらわずに疑問を投げかけることが大事である。

4 「鋭さ」を自分の中から掘り起こす

考えるとは「具体策を考える」こと・問題提起より解決策の提起を

ＳＦ（サイエンス・フィクション）のテレビ番組『スター・トレック「ボイジャー」』では、女性艦長ジェーンウェイが活躍する。未知の危険に遭遇したとき、彼女の口癖は「報告せよ！」「提案は？」の二つである。

このように、危険に直面したら現状を把握し、対策を考えることが大切だ。危機に直面したとき、過去のいきさつを批判する余裕などない。

実は、平時においても、問題の指摘・批判は、必ず提案・解決策とワンセットでなければならないのだが、それができる人はほとんどいない。

一九七〇年代後半、英国全土でストライキが頻発していた。病院、鉄道、水道、新聞、ＢＢＣ、ごみ収集、墓掘り人夫、火葬場と、「ゆりかごから墓場まで」ストライキに見舞われた。ストライキは人々の生活の全般に深刻な影響を与え、一時は非常事態宣言も検討されたぐらいである。

英国病とまでいわれた英国経済を立て直したのは、「鉄の女」サッチャー首相である。彼女は十一年半にわたって政権の座につき、経済の立て直しと、小さな政府の実現に努めた。

そのサッチャー首相が、多数の閣僚の中でもっとも信頼していた男が、デービッド・ヤング氏だった。最大の理由は、「他の大臣は私に問題しかもち込まなかったが、デービッドは解決策をもち込んだ」から。つまり、他の閣僚は問題を指摘はしたが、解決策を提案することが少なかった。

このエピソードはきわめて象徴的である。

問題の提起はそんなに難しくない。小才があればできる。だが、解決策を考え出すのは難しい。

不満をいうのは簡単だが、オプション（選択肢）を提案するのは難しい。

オプションや解決策を考え出すには、エネルギーが必要である。わき上がる発想がいる。ところがこれが難しい。だから、とりあえず問題の指摘をしてあとは手を抜く。それではいけない。

ビジネスの現場でも、弁護士の世界でも同じだが、問題提起と解決策をセットでもち込む部下は、ほとんどいない。

「こういう事態になってしまいました。どうしたらいいでしょう?」

これでは、バケツをひっくり返してしまって、どうしようとパニックに陥った子どもと変わりはない。

「こういう問題が起きた。私は、こう処理するといいと思います」

このように、自分なりの解決策をもって相談に来なければ、プロとはいえないだろう。

発想は三つめからがおもしろい

・三つのオプションを発想する

上司よりも現場に近い担当者のほうが、よりよいアイディアをもっているはずである。そして、解決策を考え出すことこそが、自分の能力を開発するということなのである。そのプロセスを省略するのは、みずからが向上するチャンスを逃すことである。

それなのに思考の省エネスタイルをとり、運を逃している人が多い。

私は、若い弁護士には、「相談に来るときには、少なくとも三つのオプションをもってくるように」といっている。

若い弁護士は、深刻な事件を抱えると、つい愚痴や不満を訴えてくる。「顧客が事件の解決に協力してくれません」「労働組合側と険悪な関係になり、解決の糸口が見つかりません」など。

不平、不満を訴えるな、とはいわない。

だが、不平、不満に口をとがらすのではなく、どうしたら解決できるのか、自分なりの解決案を発想すべきである。そうでなければ、相談は単なる感情の吐露に終わってしまう。

難問を抱えるということは、ものごとを真剣に考えるチャンスなのだ。そして独自のノウ・ハウを身につける絶好の機会なのだ。なのにそれをしないのは、実にもったいない話ではないか。

ではなぜ三つのオプションなのか？

それは一つだけの解決案では、過去の延長線上にある安全策しか考えつかないからである。

問題が深刻であればあるほど、新しいアイディア、異質の視点が求められる。ときには極論さえ必要である。一つや二つではなく、三つものオプションを考え出すとなると、過去から決別した新しい発想が出てくるものである。これこそが考え抜くということである。

考え抜けば、現場に朝から晩まで身を置いている担当者だからこそ見えてくる現実があるはずである。

現実を凝視し続ければ、必ず突破口はある。少なくとも、現状打破するいくつかの策は浮かび上がってくるだろう。

ないはずはないのである。日々状況は変わっている。「ない」というのは、実は「考えていない」というにすぎない。

「少なくとも三つの解決策を考え出そう」、そう固く決心したとき、受け身から能動へと転換する。

オプション思考をもつということは、積極性を身につけることと同じなのだ。

「窮すれば変ず。変ずれば通ず」とことわざにいう。窮地に追い込まれるからこそ、ものを見る視点が変わる。変われば道は開ける。

5 あらゆる場を「論理の道場」に使う

思索的イコール実際的とは限らない・カントは便秘にどう対処したか

私は哲学者のカントが好きである。あの白皙《はくせき》の容貌も好きだし、何より彼の墓碑に刻まれた『実践理性批判』のあの有名な言葉が好ましい。

「考えれば考えるほど、新たなる感嘆と畏敬の念をわが心に呼び起こすもの――それは遙かなる星辰《せいしん》（星）とわが心の内なる道徳律」

ドイツ哲学界の生んだ巨星カントは、星雲説を提唱し、宇宙進化論の先駆をなしたことでも有名である。

だが、人には思いもかけない悩みがあるものだ。カントの人生最大の悩みは、重症の便秘だったことだ。

便秘といっても、軽く見てはならない。高齢者などがときには命を落とすことさえある。腸閉塞の原因の一つはがんこな便秘なのだ。

カントは夏も冬も、毎朝五時に起床した。起床するとすぐ、朝食代わりに二杯のお茶を喫し、一服の煙草を吸い、ただちに大学の講義の準備にとりかかった。

午前中は講義やその他の仕事をし、午後一時から三時間ほどかけて招待客とともに昼食をとるのが常であった。

カントの食事らしい食事は一日一回。昼食のときだけだった。昼食は肉のスープや魚の煮つけなど三皿からなり、デザートとしてバターとチーズが出た。

昼食を終えた後、カントは友人のグリーン家で談笑し、夕方七時きっかりに帰宅した。その後は主として読書で過ごし、十時に就寝した。

カントのきちょうめんさは生活のすべてに及んだ。彼は便秘のために毎日一粒の丸薬を飲んでいたが、後に便秘が悪化し、薬の量を増やすよう医者が勧めたときも、決して量を増やさなかった。量を増やしていったらきりがないと考え、「一日に一粒以上は決して服用しない」という規則をみずからに課した。

さて、ここからが本題である。

きまじめなカントは、医者の処方した便秘薬を飲んでいただけで、長年のやっかいな便秘の解決策を積極的に考えた形跡がない。慢性的膨満感と不快感にさらされながら、医師からもらった丸薬を、毎日一錠、きちょうめんに飲み続けた。カントはそれ以外の方法を試そうともせず、ひたすら丸薬を一錠飲み続けたようである。

彼がその哲学的方法論（！）を便秘対策に適用したならば、有効な解決策が見つかったはずである。

たとえば、アロエ、ヨーグルト、ニンニクの摂取である。これらはいずれも当時、入手が容易だったはずである。どれかを試していれば、カントの人生はもっと快適だったろう。

私も便秘気味になることがある。海外出張で食事が変わり、時差にも悩まされるときだ。薬を飲むのはいやだから、効果のある食品を組織的に調査した。健康食品の本を調べ、人に聞き、摂取量、摂取時期などの条件を変えて実験した。その結果、この三つの食品が便秘に効くことがわかったのである。

アロエはとくに整腸作用に著効がある。試行錯誤の上、旅行のときはアロエの原液を小分けしてペットボトルに入れて持参している。現地に着いたらホテルの部屋の冷蔵庫に入れ、少しずつ飲む。このようにして以来、食事が変わっても、時差に悩んでも便秘に苦しむことはなくなった。

現在は、花粉症対策も兼ね、昼に普通のヨーグルト一個、夜にアロエヨーグルト一個を摂っている。

便秘だけではない。花粉症、片頭痛、気管支炎、疲れ目など何でも、組織的に調査、検討すればよい対策が見つかるものである。そうして生活の隅々まで快適な状況をつくりだすことも、考える習慣の一側面である。

抽象的な言葉は無策の裏返し・思考力とは具体策をつくる能力

このように、小さな問題に直面した場合でも、まずそれが問題であることを意識し、次に、解決するための対策を意識的にあたることが必要である。

私たちは仕事に関しては、きちんと計画を立て、考え抜き、意識的に問題を解決しようとする。だが、日々の生き方に関してはまったく無頓着で、漫然と生きていくことをくり返している。

私の経験では、日頃小さな問題を適切に解決できない人は、人生の大事を解決することも下手である。

わがカントさえも「私生活上の問題にも理性的に対処する」という視点が欠けていたようである。

考えるポイントは、問題に即して「具体的に考えること」である。どこかの政治家のように「適切に処理します」「粛々《しゅくしゅく》と進めます」のような、抽象的お念仏を唱えることではない。現実に即した複数の選択肢を考え出すことこそ、考えるということである。

ちなみに私は、子どもが大学を受験するときに「落ち着いて」「頑張って」などとありきたりのアドバイスはしない。落ち着く具体的な方法を三つ教える。

①ガムを噛むこと
②深呼吸を十回すること。この場合、吸うより吐くことを意識する
③息を吐きながら首まわりのストレッチをすること

抽象的な助言は、役に立たない。必要なのは具体策である。もちろん、この方法は、受験以外にも、緊張を予防するため大いに役立つ。

6 「無難に」では負けが込んでくる

考え抜くことが解決の最善策・四六時中考え抜く

では、具体策を考えるにはどうするか？

四六時中考え抜くことしかない。考えに考えて、考え抜くことである。そうすれば、いままで漠然と「感じ」ていたことが、明確な形をもつ「考え」として表われてくる。

同時に、自分を発見できるだろう。問題は、「自分の問題」なのだ。解決策は、「自分の解決策」だ。誰にでも一般的に通用する普遍的解決策などあるわけがない。人に頼ってはならない。自分で考え抜く手間暇を省いて、どうして自分の問題を解決することができようか。

ビジネスマンでも、弁護士でも、プロたる者の基本は、淡白に考えるのでなく、問題を四六時中考えに考えて考え抜くことである。ねちっこく考え抜くことである。ところが、考え抜くことは、意外に難しい。人の意識は、目の前の対象に連動して、脈絡なく揺れ動くのを本性とする。

われわれの日々の生活の多くの時間は、自分が望んでいる以上に、空想や追想の断片や、心地よい根拠のない願望、あやふやで未熟な思いつき、といった脈絡のない、とるに足らない思考に費やされている。(『クリティカルシンキング〈実践篇〉』E・B・ゼックミスタ、J・E・ジョンソン　宮元博章等訳　北大路書房)

考え抜くということは、こうした思考の揺れを意識的に取り除き、外界との連動をいったん遮断《しゃだん》することである。自分の思いを意識的に一つの方向、一つのテーマに向けて集中することだ。

つまり、考えるということは行動なのである。弛緩した状態から「思考の集中」へと飛躍することだ。だから、多大のエネルギーを必要とする。

自分のすべてを問題に集中する。新聞やテレビをやめ、通勤電車の中でも、風呂の中でも考え続ける。そして思考の断片を次々とメモし続ける。書くことの大切さは後でふれるが、そうすれば必ず解決策が見つかる。そのようになっている。

人間の問題は人間が解決する以外にはないのだから。私の問題は私が解決する以外にないのだから。

極論にホンネが表われる・いやな上司への対応策「極論を考える」

問題を解決するためには、あらゆる選択肢を考えることが大切である。とくに、極論を考えることだ。

たとえば上司とうまくいかないとする。よい仕事をしているつもりなのに、上司は全然評価してくれない。いろいろな感情的行き違いも重なり、もう顔も見たくない。

この場合、悩んでも、「チクショー!」と腹でののしっても、解決にはならない。そうではなくて、「上司をどうしようか」と考える。

極論を含めて対策をリストアップして書き出すといい。

①上司を殴る。殴って気を晴らす
②徒党を組んで上司の排斥運動を起こす
③社内メールで上司を批判する
④公然と面罵する
⑤重役にいいつける
⑥人事部に配置転換を申し出る
⑦命令されてもとことん無視する
⑧じっくり話し合う。今までの毛嫌いしていた態度を改める
⑨我慢する。「どうせあの上司もあと二年だろう」と考える
⑩会社を辞める

このようにハード案からソフト案まで考えるのだが、必ず極論も考える。そうすると、その中に自分の本音が見えてくる。

人間は、「憎い」「いやだ」という感情が先走ると、選択肢を、なかなか考えつかない。人は一般に理性より感情に基づいて行動する。だが、感情は具体的思考とはなじ

まない。すなわち、具体的な選択肢を考えるというのは、もう理性の入口に立っているということになる。

どのようなオプションがあるかリストアップする過程で、私たちの感情は整理されてくる。漠然とした悩みが分解され、次第に焦点が定まってくる。悩みのコア（核）が見え、解決策が浮かび始める。

前後左右上下、いろいろな角度から問題を検討する。常識も一度は捨てる。そして極端なオプションを書き出す。

実際にオプションを書き出すと、「上司を殴るのはひょっとすると暴行罪になる、これはまずいかな」ということになる。殴った場合の反発を考えれば、他の方法をとろうと考える。たとえば徒党を組んで上司の排斥運動を起こすなどというオプションをじっくり考える。

こうしてモヤモヤとした感情が理性のフィルターを通り始める。考えが自然と頭の中で整理されてくる。具体的解決策を考える過程で問題の本質が少しずつ見えてくる。

人間は、書き出すという過程を踏むことによって、自分を客観視できるようになる。こうなったらしめたものである。

「誰もがそうだ」の「誰も」は存在しない・責任をとる者は成長する

はじめから自制して、道徳的、常識的なオプションしかリストアップしないのでは、解決にならない。抑圧された感情は率直に吐き出すことが必要だ。感情を吐き出せば、具体的な行動に移せなくても、気持ちは楽になる。楽になった分、悩みは軽減する。道徳的な選択肢だけを考える「従順な羊」になってはならない。

こうして、極論を含め、多数のオプションをリストアップし、比較検討をすることにより、自然と「このオプションはやりすぎだ」と納得する。そう納得できるならそのオプションはやめればよい。

納得できないなら、極端なオプションでも実行すればよい。極論を実行すれば反発を受けるかもしれない。非常識なオプションをとれば厳しい反発が返ってくることは覚悟しておく。ただ、反発を予想した上でやるのであれば、かまわない。過度に自制して心身の変調を来たすより、はるかによいだろう。

組織の中で、ウマが合う上司など何人いるだろうか。私の場合は五人に一人ぐらいだった。同じ上司と三年間仕事をすると仮定すると、相性のよい上司と仕事できるのは、十五年間にわずか三年間（！）となる。

しかし、おそらく上司にとっても事情は同じである。仕事ができてガッツがあり人柄もよい部下にめぐりあうことはめったにない。会社は「仲よしクラブ」ではない。それぞれの立場で利害が異なるという現実は受け入れなければならない。

みずからあらゆるオプションを考え、納得の上実行した以上は、すべては自分の責任だ。他人の責任にしてはならない。

上司の排斥運動をして、上司がクビになれば万々歳かもしれない。しかし失敗して自分が退職に追い込まれたら、それはそれでやむを得ない。

人間の運命は、一寸先はわからない。「一寸先は闇」という人生を手探りで生きていく。誰に頼れるか。自分に頼るしかない。自分が考えた上で実行したのである。それが成功しようと失敗しようと自分の責任である。上司のせいではない。自分が非力だから負けたのである。

ところが多くの人は、自分の失敗を他人のせいにする。上司は部下を非難し、部下は上司を批判する。だが、これは現実逃避にすぎない。世の中が自分の思いどおりになることなどほとんどあり得ない。

自分の責任にすると、得ることがある。自分で考えたオプションを実行し、うまくいかなかったとしても、自分をとりまく現実に対する新しい考え方を得ることができる。

「自分の考えが甘かった」「自分と他者との力関係や距離のとり方についての考えが至らなかった」などと考えることができれば、一皮むけたのである。

失敗したことで自分と他者との関係、自分と社会との関係について、新しい考え方をもつことができたのである。それを将来の生き方にフィード・バックする。心の持ち方が変わり、他者と自分との関係について新しい知見を得る。こうして人は成長する。

7 自分で考えるための視点とツール

「大局観」を得る技術・高いところに上がれ

民俗学者の宮本常一は、十五歳で故郷を離れるとき、父親から「見知らぬ土地に行ったら高いところに上がれ」と助言を受けたという。

村でも町でも新しく訪ねて行ったところは、必ず高いところへ上ってみよ。そして方向を知り、目立つものを見よ。峠の上で村を見おろすようなことがあったら、お宮の森やお寺や目につくものをまず見、家のあり方や田畑のあり方を見、周囲の山々を見ておけ、そして山の上で目を引いたものがあったら、そこへは必ず行って見ることだ。高いところでよく見ておいたら道に迷うようなことはほとんどない。（『民俗学の旅』宮本常一　講談社学術文庫）

宮本常一は、山口県大島郡の貧しい農家の長男として生まれた。小学校卒業後、父母の元で百姓をした後、大阪に出て、郵便局や小学校に勤めた。後に柳田国男に師事し、また渋沢敬三から物心両面の援助を得た。主著に『宮本常一著作集』三十巻、『私の日本地図』十五巻などがある。

見知らぬ土地を訪ね歩き、漁師や百姓や木樵《きこ》りと、昼夜を通し話し込む。それが常一のフィールド・ワークのやり方であった。第二次世界大戦前後の緊迫した時代でさえ、年間二百日以上もフィールド・ワークに費やしている。

汚れたリュックサックにこうもり傘を下げ、ズック靴で日本全国をくまなく歩き続けた常一は、しばしば富山の薬売りと間違えられたという。

そんな常一の父が、若くして独り立ちする息子に、「人生の旅」の心構えを教えた十箇条の第二の教えが「高いところに上がれ」である。

参考までに、十箇条を要約する。

第一に、汽車に乗ったら窓から外をよく見よ。田畑に何が植えられているか、作物の育ちのよし悪し、村の家の大小など、駅での人の乗り降り、服装に注意すれば、その土地のことがわかる。

第二に、はじめて訪ねるところは必ず高いところに上がって広く見渡すこと。

第三に、その土地の名物や料理を食べること。

第四に、できるだけその土地を歩いてみること。

第五に、金というものは、儲けるのは難しくないが、使い方が難しいことを忘れないように。

第六に、これからは好きなように生きていいが、身体は大切にせよ。三十歳をすぎたら、親のあること思い出せ。

第七に、病気や自分で解決のつかないことがあったら、郷里へ戻ってこい。親はいつでも待っている。

第八に、これからは親が子に孝行する時代だ。そうしないと世の中はよくならない。

第九に、自分で思ったことは、やってみよ。それで失敗しても、親は責めはしない。

第十に、人の見残したものを見るようにせよ。その中に大事なものがあるはずだ。あせらず自分の選んだ道をしっかり歩いていくことだ。

常一にとって、父の善十郎は、もっとも尊敬する人物だった。父の教えどおり、常日頃、高所からものごとを観察することを心がけ、研究にいそしんだという。

司馬遼太郎さんは、宮本常一を敬愛してやまなかった。常一の訃報に接して司馬さんは、「宮本さんは、地面を空気のように動きながら、歩いて、歩き去りました。日本の人と山河をこの人ほど確かな目で見た人は少ないと思います」と語っている（佐野真一『トランヴェール』五月号）。

「いい問いかけ」の条件・質問という武器

高いところからものを見ることと同様に重要な「考えるコツ」が、質問である。とくに弁護士にとって、質問は事実を把握するもっとも重要な武器である。

顧客は、自分にとって不都合なことは、顧問弁護士にさえなかなか話してくれない。そこをうまく聞き出すのが弁護士の技量なのだ。だが、未熟な弁護士は顧客に充分な質問もしないし、不利な事実を聞き出せない。顧客から聞いた有利な情報のみが事件の全体だと思って裁判に臨む。

ところが裁判には相手がある。相手も同様に、自分に有利な事実（つまり、こちらには不利な事実）を裁判で主張する。だから、最初に顧客から不利な事実を聞き出して対策をとらないと、後に相手方から不利な証拠を突きつけられ、あわてることになる。そうなったらもう勝敗は決まりだ。

「そんな話は聞いていなかった」と顧客に怒る弁護士もあるが、とんでもない。自分の質問力が不足しているだけのことである。

これほどに、質問は重要である。

ビジネスでも同様だ。質問しなければ、相手にとって都合のよい話だけで、商談が進んでしまう。

私もこんな例を経験している。

去年の夏、わが家の応接間と居間の二つのエアコンが同時にダウンした。十年以上は使っているガスのエアコンである。ガス会社の担当者を呼ぶと、「寿命ですね。交換どきです」と、しきりに新品を買わせようとする。値段を聞くと、一台三十五万円。二台で七十万円もする。

「間違いでしょう」と聞き返すと、「もともと高いエアコンを使っているので、交換用も安いものを使うわけにはいきません。安いのにすると配管やら変えなければならないので大変です」という返事だ。

さすがに驚き、細かく聞いてみた。

どの部品が悪いのか？　どうして壊れたのか？　普通寿命は何年なのか？　部品の価格はいくらか？　どうして部品の修理ができないのか？　部品を交換したら何年もつのか？　修理後、何年保証するのか？

具体的に聞いていくと、「エアコン全部ではなくＩＣ基板部分が壊れているだけ」「基板を替えるだけだと一台三～四万円」と次第にトーンダウンしてきた。しかし、「ＩＣ基板の交換では、七～八年はもつかもしれないが、一年でダメになるかもしれない。だからエアコン全部を変えたほうがよい」というのが担当者のセールストークである。

いまどきＩＣ基板が一年でダメになるとは思えない。

「質問をくり返す」交渉術・質問は最低三回する

疑問が解消するまで、質問はねちっこく続けるのが証人尋問の基本である。最低三回は質問しないと、満足な答えが返ってくることは少ない。返事があっても、再度、形を変えて「なぜ」と聞き返す。それでも不充分なら、再度「なぜ」と聞き返す。それくらいしないと、よい答えを得ることができない。

私はさらに質問を続けた。

なぜ一年で壊れると思うのか？　壊れるなんてどこの製品？　壊れたら無料で取り替えてくれないのか？

担当者の答えがだんだん怪しくなってきたので、「数日中に返事をする」と引き取ってもらった。

翌日「やはりＩＣ基板だけを交換する」とガス会社に電話をした。すると、たまたま別の担当者が出て「ＩＣ基板は当社ではなく別の電器店が扱っている」とのこと。

これでカラクリがわかった。前の担当者は売上を上げるため、怪しげな売り込みをしたのであろう。

電器店に電話してみると、「基板交換では、最低で二～三年、普通は十年近くもちます」とのこと。金額も一台三万円である。もちろん、発注した。

それにしても、担当者のあの売り込みはいただけない。まるで詐欺まがいだ。細かい質問をすることの威力を、改めて思い知った次第である。

効果は絶大――かんたんカード術・手順を考えるツール「ステップ・カード」

弁護士は普通、数十件の事件を並行的に処理している。それぞれの事件は個性があり、締切の日も違う。

たとえば日米間のライセンス契約の検討をする場合、日米租税条約、米国著作権法、米国独占禁止法上の制約などについて調査し、必要であればニューヨークの事務所に確認をしなければならない。

顧客へ検討結果を提出する日から逆算して、それぞれ、何日前までに日本側の調査を終えるか、また、何日前までにニューヨークの事務所からの確認の返事をもらうかを決めなければならない。

これらを何十件の事件について記憶しておくのは、とうてい不可能である。

仕事が錯綜したときの心理的混乱の防止、必要な手続とその時期を忘れないようにするため、私は自己流のステップ・カード（手順カード）を使っている。

横十一センチ、縦十四センチほどの小さなカードである。現に継続中の仕事の書類は、クリアホルダー（透明ファイル）に入れ、ステップ・カードに仕事の手順と締切日を箇条書きにして、ホルダーの上に貼っておく。

たとえば左ページの図のとおりである。

私はもう、三十年以上もステップ・カードを使っている。市販のよいものがないので、特注である。

カードの裏の両側には切れ込みが入っており、それを引きはがせばのりづけできるようになっている。

各ホルダーの左上にはラベルを貼り、顧客の名前を書き込んでおく。

緊急のクリアホルダーは、顧客の名前が見える程度に少しずつずらして、机の上に重ねておく。

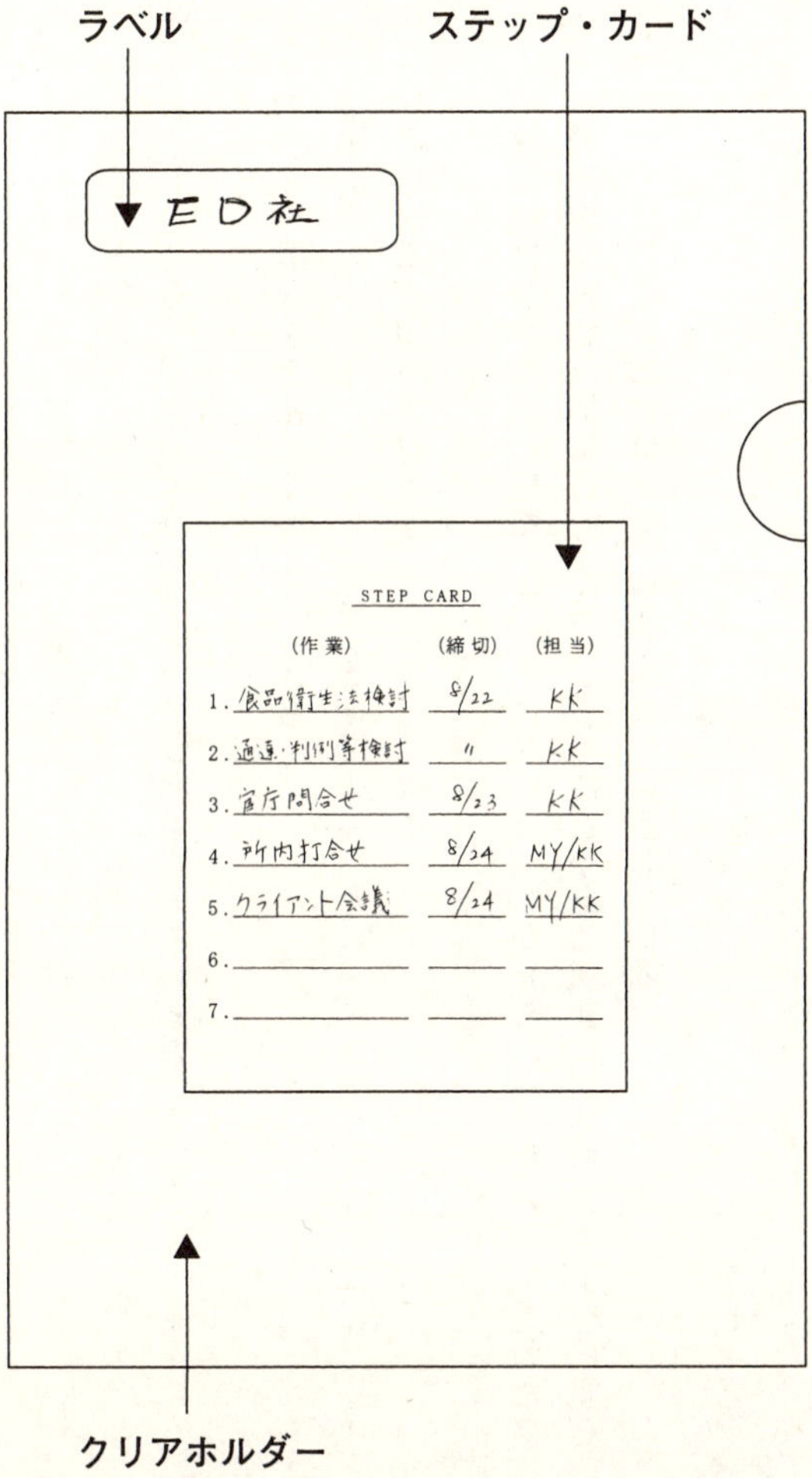
ラベル
ステップ・カード
ED社
STEP CARD
(作業) (締切) (担当)
1. 食品衛生法検討 8/22 KK
2. 通達・判例等検討 〃 KK
3. 官庁問合せ 8/23 KK
4. 所内打合せ 8/24 MY/KK
5. クライアント会議 8/24 MY/KK
6.
7.
クリアホルダー

手前のホルダーほど緊急な仕事である。

作業が終わった項目については、横線を入れて消しておく。

一枚の小さな紙きれにすぎないが、ステップ・カードの効用は絶大である。ステップ・カードを使うと、次のようなメリットが簡単に得られるのだ。

①心理的混乱を防止することができる
②検討事項が明らかになり、要する期間の見当がついてあせりがなくなる
③必要な調査事項を落とすことが少なくなる

よく書類箱にファイルを重ねて入れる人がいる。しかしこれをすると下に重ねたファイルの仕事を忘れ、締切日をすぎてしまうことがある。顧客名が見えるようにずらして机の上に重ねておけば、その恐れもなく重宝している。

第3章

「文章で訴える力」をつける

書くことは考えることだ。メモとレポートで
仕事の発想が磨かれる。書くことは伝えることだ。
弁護士は「名コピー」を必死で考案する。

1

「すごい発想」はメモが導く

「すぐには役立たないこと」も残そう・天才はメモ魔である

古今の天才は、膨大なメモを残している。

たとえばフランスの作家、詩人のポール・ヴァレリーである。彼は、優れた詩人でありながら、明晰《めいせき》な論理を駆使した思想家で、かつてはヨーロッパ的知性の象徴であった。ヴァレリーは二百五十七冊にも及ぶ私的ノート『カイエ』（日本語でノートの意味）を残した大変なメモ魔であった。

ルネッサンスの天才レオナルド・ダ・ヴィンチも、まれに見るメモ魔であった。生涯を通じて膨大なメモを書いている。

対象は科学と芸術にわたり、観察、実験、分析、推理の思考、理論と応用、実作の構案工夫、画図、さらには日常身辺のことにまで及ぶ（『レオナルド・ダ・ヴィンチの方法』ポール・ヴァレリー　山田九朗訳　岩波文庫)。アイディアを盗まれることを恐れたのか、文字はすべて右から左へ逆行した裏文字で、鏡に写してはじめて正しく読める鏡像文字という凝ったメモである。

もう一例、メモが偉大な発見の母となった例をあげる。

『種の起源』を著したチャールズ・ダーウィンである。彼は、キリスト教の天地創造説を根底からくつがえした自然淘汰・適者生存説の発想を、ノートの山から導き出した。

ビーグル号でパタゴニア群島など点在する火山島を訪れたダーウィンは、陸から遠い離島の生物が、なぜか南アメリカ的特徴をもっていることに気づく。また、群島の一つ一つは地質学的にはどれも古くはないのに、生物はそれぞれ少しずつ違っている。彼はこの事実に興味を抱き、滞在中、目につくもの、頭に浮かんだ思いを片端からノートにメモしていった。

そのノートが本格的に使われたのは、航海から帰って二十年もたってからだった。それまでもメモを使って論文を書いていたが、書く作業を積み重ねていくうちに、ダーウィンはついに、進化論のアイディアに至ったのである。ダーウィンがメモを残さなかったら……と想像すれば、メモがいかに重要なものであるか理解できると思う。

（一八三七年）七月に、それまで長い間、熟慮しつづけた「種の起源」に関係ある諸事実を記す最初のノートブックをつけ始め、以後二十年間、その仕事をやめずに続けた。

一八五四年九月以来ずっと、私は自分の時間のすべてを、巨大なノートの山を整理し、種の転成（transmutation）に関して実験することにあてた。（『ダーウィン自伝』チャールズ・ダーウィン　八杉龍一、江上生子訳　筑摩書房）

メモをとらなければ、アイディアはすぐに忘れてしまう。だが、メモに残しておけば、いつの日か役立つ日が訪れるかもしれない。メモを生かすも殺すも本人次第だが、メモをとらないことには何も始まらない。

断片を大局に組み上げる・新しい視点は「浮かび上がる」

私がメモをとるようになったのは、二十代後半である。

その頃、私は会社を辞め、大学院に入り直して特許法の研究をしていた。修士論文は三百ページもの長編だが、それまでの私は、会社で短い報告書や稟議《りんぎ》書ぐらいしか経験したことがない。全体の構想もまとまらず、あせっていた私に、先輩が「論文をまとめるのにカードが役に立つ」とアドバイスしてくれたのである。

さっそく実行してみると、確実に考えが深まる。それまで漠然と考えていたことが、明確になっていく。やがて新しい視点が見つかり、全体の構想が浮かび上がった。

それは本当に「浮かび上がった」のである。メモを集積し、分析している過程で、ぼんやりしていた視点が自然にわかってきたのである。

これほどにメモをとることは重要である。

七〇年代、日本社会党（現・社民党）が元気だった頃、社会党きっての政策通として知られていた石橋政嗣氏は、毎日、新聞や書籍から必要個所を大学ノートに抜き書きしていた。

たとえば湾岸戦争を伝える各紙の外電記事から外国首脳や政府筋の発言をノートに書き出してみると、政府のどのレベルで、どんな考えがあるのか、一目でわかる。それをつないで推理すれば、あることがらがどうなるのか、ある程度、予測できるし、逆に違う結果になっても、そのデータをどう分析すればよかったのか、役に立つ。(一九九一年九月七日付朝日新聞朝刊「それから」)

メモをとり、断片をつなぎ合わせていくと、将来がある程度予測できる。ささいな断片を組み立てることで、大きなアイディアが生まれ、大局の把握ができてくる。考える過程は、絵を描くのに似ている。数多くの名画も、何十枚というデッサンの積み重ねの後に、明確な構成と形態と色彩をもつに至るのだ。はじめから明確なイメージがあって、一気呵成《かせい》に絵を仕上げる例は少ない。

私たちの考えも、はじめは曖昧で混沌としており、明確な形をとらない。考えは「ああでもない、こうでもない」と迷いに迷い、その果てにおのずとまとまるものである。このような過程を踏まない即断とか即決は、どこか穴があるものだ。

なぜ「メモには必ず番号をふる」のか ・メモの意外な使い方

私たちの観念は曖昧であり、無秩序である。だから、一歩立ち止まって、考えることの効果は、著しいものがある。電話をかける際、会議に臨む際、話す順序を事前にメモするだけで、ずいぶんと役立つ。

私は重要な電話をかけるとき、事前に用件を箇条書きにする。会議に出るときには、発言の要旨を事前にメモする。意見書を書くときも事前に要旨をメモするし、図表化してから書き始めることもある。

ところが、身のまわりを見ると、頭の中で考えただけで電話し、会議で発表し、意見書を書く人が多い。頭の中で考えるだけでは、決して合理的に考えることはできないというのが、私の長い経験から得た教訓である。

たとえば上司に口頭で報告するとき、事前に箇条書きのメモを書いてみよう。簡単なメモをとる効用は、思っている以上にはるかに大きい。

メモを書くときは、必ず1、2、3……と番号を打つ。メールも同様である。番号を打つことにより、考えが整理され、相手の理解を促進する効果がある。番号を打ったメールと打たないメールでは、思考の練度に格段の差があるものである。

ちなみに、医者にかかるときも、病気の症状をメモにまとめて相談することが有効だ。いつから体調が悪いか、熱はあるか、咳はどうか、脱力感はあるかなど、メモをとって医者に相談すれば、よりよく症状を説明できるし、よりよく理解してもらえる。

2 書くことは考えること

思考力をつける「最良の教師」とは・考えを「目で見る」ことの大切さ

メモをとることは、仕事の重要なスキルである。

弁護士は、ビジネスマンと同じように、常にライバルとの戦いに勝つことを求められる。そのためには、もれなく、論理的、現実的に考えること、ライバルを上回る斬新なアイディアを出すことが必要である。

だが、残念ながら、「頭の中の考えだけ」では、その逆になることが多い。

①思いつきに走り、体系的でない
②細部の具体的手続きを無視している
③実現する場合の障害を見落とし、実践的でない

という欠点に、知らず知らず陥っている。

訴訟を代理するとき、私は必ず手控えメモをつくって、主張と証拠を突き合わせる。証拠が欠けているものや、思い込みで判断していたものなどを洗い出すことができるからだ。相手に突かれそうな弱みも見えてくる。

頭の中だけで考えると、白か黒かの二者択一をしがちだ。「黒だ」と断定したら、そこで考えがストップしてしまう。

だいたい、人間の頭は、複雑な思考をするようにできていない。それを補うためにも、メモが効果的である。メモをとることは、思考過程を目で見ることだ。考えの道筋を目でたどれるから、モレを簡単に発見できる。見落としていたポイントにも気づき、常に現実的な思考に立ち戻ることができる。

また、メモにはカタルシス効果(吐き出し効果)がある。

私たちは、刺激を受けると、まず感情が反応する。状況に対して理性が動く前に、感情に動かされてしまいがちである。メモをとることで、このような感情の揺らぎを吐き出すことができる。感情の揺らぎを緩和させて、細部まで理性的、論理的に考えることができる。
メモには、主として二種類がある。
①ポストイット（付箋《ふせん》）などに断片を書きつける備忘録的なメモ
②手帳やパソコンにまとまった量の文字を書くノート的なメモ
どちらの場合も、要は、考えを視覚化するという気持ちで書けばよい。

「その場で」がメモのコツである・頭よりも「手」で考える

創造的な考えは、突然ひらめくものだという幻想をもつ人が少なくない。だが、実は頭に浮かんだ思いつきは、そのままではほとんど使いものにならない。そればかりか、泡のようにすぐに消えてしまう。

創造的な考えは、何百という泡のような思いつきを書きためることが基礎になる。その中からいいものを拾い、組み合わせ、鍛え上げたものなのだ。

頭の中で考えることは圧倒的に感情に影響される。そして、しばしば堂々めぐりをくり返す。頭の中で考えることは、論理が一貫しないことがほとんどである。

できるだけ感情の影響を排し、理性的に考えるためにも、自分の想念をメモに記し、客観化することが必須である。

頭の中では首尾一貫しているように思っても、メモをとってみると雑念にすぎないことに気づくことが多い。自分の想念が圧倒的に感情に影響され、合理的な思考から遠いことを認識するだけで前進である。

考えるという行為は、書くという行為を伴って、はじめて思考として結実する。私たちは、頭で考えるのではなく「手で考える」のである。

頭に浮かぶアイディアは一瞬のものだが、書くには時間がかかる。その時間経過の間に、アイディアは「思考」へと、進化を遂げるのである。

だから、メモは書き散らしでも、断片でもかまわない。

ふっと思いついたささいなこと、人と話していて、「おやっ?」と感じたことなど、小さな記憶を、その場でメモすることが大切だ。

私は、ごく小さなメモ帳を使っている。カバンの中はもちろん、書斎、事務所、ワイシャツのポケット、食卓にも置いている。ジムのプールサイドやサウナにももち込み、思いついたときにはすぐ書き込む。

人と話していても、テレビを見ていても、広告を読んでいても、なるほどと思ったことは、メモをしておく。

たとえば人と話していて「おやっ?」思ったことを書きためていくと、後に、「なるほど高慢な人物だ」とか「事故体質だ」「攻撃的な性格だ」といった本性が浮かび上がってくる。ちょっとした言動に人柄が表われるからである。

身のまわりに生起するすべてのことがらについて、私たちは何らかの感想をもつ。その感想を日頃からメモにとっていると、ことがらは一つの輪郭をもち始める。統一されたイメージをもち始める。

小さなメモ、断片のメモが集積すれば、大きな方向が見えてくるのである。細部の集積が新たな考えをもたらすという方法は、仕事にも、日々の生活にも大変役立つ。

目前の案件や課題があまりに大きく、枝葉も広がっており、どこから手をつけたらよいかわからない場合は、とりあえず、わかったことから、メモに落としていく。仕事のアイディアに行き詰まったときも、わかっていることから一つ一つメモに書き出す。

こんがらかった糸玉をほぐす作業に似ていて、メモをとり終わった頃には、新たな方向性が見えてくる。

「時系列」の効用・メモには必ず年月日を入れる

メモには必ず、年月日を入れておく。整理するときに時系列を読み取れ、考えがどう変わっていったか、流れをつかむことができる。

私は、二十代の頃から、中断はあったが、ほぼ一貫してメモをとり続けている。弁護士になってアメリカとイギリスに留学したときは、猛然とメモをとり、二年間の留学生活を通じて、五千枚のカードを残した。

これらのメモが、ダーウィンのノートのように、一つの大構想に結実したわけではない。だが、日付をふってあったおかげで、いまでは、自分の精神史をたどるよい指標になっている。これも、メモの意義の一つである。

若いときのメモは、現実をアトランダム（気まま）に書くだけで、ものごとをよく考えるにはほど遠かったことがわかる。しかも、「俺が、俺が」という気負いにとらわれている。自分では考えているつもりなのだろうが、いまからみるといかにも若い。

それに比べて五十代のメモは、現象の背後にあるものへの興味が深くなってきている。現実は現実として受け入れるが、その背後にある原理とか原則を考えるようになっている。ものごとを全肯定も全否定もせず、よい点、悪い点の双方を見ようとする姿勢がはっきりと出始めている。

自分の考えに自信をもちながら、その自分の考えすら留保つきで眺めているところがある。だから状況の変化があれば、自由に考えを変える。他人の考えにも自分の考えにも、とらわれない。メモを整理していて愉《たの》しいのは、こんな発見をしたときである。

3 メモの整理は論理の整理である

情報の価値判断は「その場」でしないこと・情報はむだを承知で広く集める

メモは、後述する「多段式引き出しケース」にとりあえず放り込んでおく。ケースには、メモの他、新聞、週刊誌、広告、雑誌などの切り抜きもストックしている。

以下は、情報一般の整理について述べてみたい。

情報を入手したときには、本当の価値がわからないことが多い。興味はあるもの の、将来必要かどうかわからない情報が結構あるものだ。そういう情報も、ファイルするべきである。

そのとき「なるほど」「これは」と思った情報も、後で探そうとしても見つけることはまず不可能である。逃げた青い鳥は二度と帰らない。だから「小さな情報、大きな効果」を肝に銘じ、情報は広く丹念に収集し、ファイルしておく。

「むだを承知で一応ファイルする」を原則にする。日々見聞したものは、広告やチラシの類でも利用する心構えが大切である。知識は思考力のベースになるものだから、多ければ多いほどよいのである。

最近は思考力を重視し、知識を軽んじる風潮があるが、あまりよいこととは思われない。思考力は、一定水準の知識や教養の上にはじめて成り立つ。

たしかに、知識は思考力の必要条件であるが、十分条件ではないだろう。知識重視の詰め込み教育には、はなはだしい弊害があるし、身のまわりを見ても、受験勝者の多くは世渡りの基本的能力が欠けている。

しかし、だからといって知識を過小評価するのは誤りである。知識や情報は多ければ多いほど好ましいと一応いえよう。知識や情報が多ければ多いだけ選択肢の幅が広がり、考えの幅が広がる。世界が広がるのである。

知識は大切である。単にものごとを知っているか知らないかが、ときには決定的に重要な意味をもつ。

かつて、乳製品会社の食中毒事件で、くり返しテレビで放映されたシーンがある。記者の追及を受けた工場長が、バルブ内に乳固形物の汚れが残っていたことをはじめて告白し、それを知らなかった社長が思わず「それは本当か！」と叫んだシーンである。事故調査の不徹底が企業イメージを決定的に傷つけた。

これなども、過去に起きた同種の事故の報道を、日頃から他人ごとと思わずに丹念に追っていれば、結果は違っていたはずだ。

多くの事故や不祥事には、「マイナス情報は上に伝わらない」構造的問題があることがわかったはずである。トップにこの認識があったら、テレビ会見のようなぶざまなことは起こらなかったろう。「マイナス情報は隠れる」という簡単な知識さえあったら、もっと上手に危機管理ができたに違いない。

小さな情報も、ときにその効果はきわめて大きいものである。

いいファイリング、悪いファイリング・情報を死蔵しないために

メモはとらないよりはとったほうが絶対にいい。少なくとも「書くこと」により、目にしたもの、耳にしたもの、ふっと脳裏をよぎったアイディアなどが自分に再インプットされるからだ。

情報を集め、ファイルし、引き出す手続きのうち、もっとも大切なのはファイリングである。ファイリングさえうまくできれば、引き出すことは簡単である。

ファイル法については、先人によって種々の方法が発表されている。

私もかつては、情報をカード化し、見出しをつけ、ファイル・ボックスにため込んだ。ただ、このやり方だと、情報をカードに書き写すか、コピーにとってカードに写すかの作業が必要で、膨大な時間がかかってしまう。

これに懲りて、本で読んだ「袋ファイル方式」を試みた。資料を分類せず、入手した順に事務袋に入れておく。実践的な方法かと思ったが、実際には袋の出し入れが意外に面倒な上、袋の数が増えると散乱してしまい、結局中途半端に終わった。

今まで試みたファイル法の最大の欠点は、実用性に欠ける点にある。学者や評論家のようなプロのやり方をまねてもうまくいかない。

他人の整理法をまねるのではなく、自分流のファイル法が必要であることに気づくまでに、むだな時間を費やしてしまった。

情報を入手しても、時がたつと興味を失なってしまうことが多い。

そのときには必要だと思った情報が、数カ月、数年すると不要になってしまう。私の経験からいうと、三年もたつと、必要な情報はファイルした情報の二割程度にすぎなくなる。つまり当面の間は必要だが、長期的に見て不要な情報が八割もある。

かといって、情報を入手した時には将来何が必要になるかはわからないものである。入手時に「いらない」と思って捨てたものの、後になって「捨てなければよかった」とほぞを噛むことも再三あった。

結局、小さな情報もできるだけ多くためることが必要であるが、大半の情報は遠からず捨てなければならないのである。ファイル法は「多くをためながら、同時に多くを捨てる」という根本的矛盾を抱えているのである。

しかも、私たちはプロではないのだから、情報の分類や整理に多くの時間を費すわけにはいかない。片手間の時間しか使えないのが実務家の宿命である。

このような実務上の多くの制約の下で、実践的なファイル法はどうあるべきか？

それが私の切実な問題であった。

私が「多段式ケース」を勧める理由・引き出しファイル法の長所

結局、ヒントになったのは、仕事で利用している多段式引き出しケースを利用することであった。

仕事では、日々膨大な量の資料が送られてくる。メール、ファックス、準備書面、判例、鑑定書、契約書などだ。それらをすべてファイルしていたら、たちまち情報で埋もれてしまう。かといって、ただちに捨てるわけにはいかない。とりあえず数週間は手元に置き、必要なときにすぐ見ることができないと、仕事にさしつかえる。

そこで、とりあえず資料を多段式の引き出しケースに入れておき、一件落着した時点で廃棄している。

引き出しに入れるのは、当面は参照する必要があるが、近い将来確実に廃棄する資料が主である。長期にわたってファイルする必要があるものは顧客ファイルにはじめからファイルする。

引き出しケースは結構、実践的であり、使い勝手がよい。これを個人用のシステムに利用しようと思い立った。

いま愛用しているファイル法は、この多段式の透明な引き出し式収納ケースを大量に使う方法である。

一つの引き出しは幅三十センチ、高さ十～十五センチ、奥行き四十センチの透明の収納ケースで、小引き出しが十～十二段ほどある。通販やホームセンターで、三千円くらいで売っている。

この引き出しを、あ行、か行、さ行……のように分け、「歴史」に関するものなら「ら行」の引き出しに、「マスコミ」に関するものならば「ま行」に入れておく。

関連ありそうな情報は、何でも引き出しに投げ込んでいく。

新聞の切り抜き、音楽会の切符、写真、広告、健康食品の包装、パンフレットなどや、ときにはフロッピーディスクやＭＤ、ビデオテープも入れる。

この大きさだと、Ａ４サイズの書類が楽々収納できる。それより大きいサイズはたたんで入れる。

透明のケースを通して収納量が見えるため、検索する時には便利である。

「引き出しファイル法」の長所は、引き出しから出し入れするだけだから、使い勝手がすこぶるよい点にある。それに、さまざまな形状の資料や媒体を収納できる。

さて、こうしてファイルがたまってきたら、またケースを追加する。

そうすると、今度はより細分化された見出しが必要になることに気がつく。情報がたまるにしたがって、情報は深化する。

たとえば、以前は「趣味」の引き出しに多くの情報を詰め込んでいたが、「釣り」、「音楽」、「国内旅行」、「海外旅行」などに分ける必要が出てくる。このように見出しを分枝することにより、自分の関心の所在が明らかとなる。

私は、いまでは七つの多段式引き出しケース、つまり七十個の引き出しを使っている。そして、「釣り」の中身も「サーモン釣り」「バス釣り」「その他」と分かれている。

手間をかけずに情報を新陳代謝する・自分流の「図書館」をつくる

さて、一応ケースに収納した情報を、どう整理するか。

私は、分類にほとんど時間をかけない。むしろ捨てることを優先する。

多くの情報は、数カ月ないし数年すれば陳腐化する。時がたてば、ためておく必要もない情報が八割近くになる。だから、情報を再整理する前に、不要な情報を捨てることが大切である。

私は、捨てるためにも特別の時間をかけない。他の必要な情報を探すついでに興味のなくなった情報を捨ててしまう。

たとえば、京都の妙心寺で見た竜の絵のパンフレットを「趣味」の引き出しで探しているとき、同じ引き出しに入っている釣りに関する古い情報を捨ててしまう。

このように、同じ引き出しに入っている情報を探す機会に、古くなった情報を捨て、情報を更新する。

しばらくすると、ある引き出しが満杯になってくる。この場合は、ヒマを見つけて、引き出しの整理に入る。

引き出しの中に長い間「沈殿」している情報は、私の問題意識や興味の対象であることがわかる。そのような情報だけをチェックし、必要なものだけ選び上げる。

このような情報を、サイズが大きいものはA４に縮小し、小さなものであればA４に拡大し、すべてをA４サイズに統一し、別の「ファイル専用引き出し」に移す。

そして、ゴールデンウィークや夏休みなどまとまった時間のとれる時に、再読して楽しみながら細かいジャンル別に分類し、A４の事務用のハードカバーのファイルに移すのである。

こうした専用ファイルが現在三十冊ほどたまっている。このまま続けば、やがて自分だけの小さな図書館ができるだろう。この図書館は、私の長期的な趣味や関心に合致した情報だけからなる個性的な図書館である。そこの資料を読む時、私は至福の時間を過ごすことができるだろう。それが私の夢である。

以上が、私が今まで試したものでもっとも効率的な整理法である。

とにかく情報は増殖していく。情報の整理に多くのエネルギーを割くのは本末転倒である。大雑把に分類して、引き出しに放り込んでおく程度で充分である。

4 ズバリ本質を突く力をつけていく

文書に「読む価値」をつけていく・役に立たない「災害避難の心得」

あるとき、保険会社の「災害避難」のパンフレットを見て笑ってしまった。「地震のときの行動のポイントや対処を覚えておきましょう」とあり、「地震！　十の心得」が載っている。

第一条……グラッときたら火の始末
第二条……戸を開けて出口を確認
第三条……机やテーブルに身を隠す
第四条……家具やガラスの破片に注意
第五条……火が出たらすばやく鎮火
第六条……徒歩で避難、持ち物は最小限に
第七条……路地や塀《へい》に近づかない
第八条……クルマのときはすばやく停車
第九条……デマに惑わされない
第十条……助け合って救護・救出

「これの何がいけないのか？　どれも大切なことだ」と思う人があるかもしれない。だが、このパンフレットは、いざというとき、まったく使いものにならない。こんなにあれこれ気をつかっていたら、それこそ逃げ遅れてしまう。

何より急を要するのは、第三条の「机やテーブルに身を隠す」だ。次に第五条の「火の始末」である。その次が第二条の「戸を開けて出口を確認」であろう。けがをしたら火の始末もできないのだから、身を隠すことが最優先。火の始末はその次で充分だ。それから戸を開ける。

それなのに、このパンフレットは十項目どれもが同じウエイトづけである。何が大切で、何は後回しでいいのかわからない。いたずらに人を右往左往させるシロモノである。「クルマのときはすばやく停車」とか「助け合って救護・救出」なども、いわずもがなの不必要記載だ。

このパンフレットは、ズバリ本質を突いていない。なぜか。地震の現場をありありとイメージして書いていないからだ。頭の中で手軽にまとめただけに相違ない。

対照的に、静岡県が発行した震災時のパンフレットは、わかりやすい。優先順位がはっきり書いてある。

（地震発生三秒）落ち着け！　身を守れ！　火を消せ！　玄関を開けろ！

これなら、とっさの場合でも混乱しないだろう。地震発生時の初発行動は、これで充分ではないか。

保険会社と静岡県のパンフレットを比較すると、ズバリ本質を突いた文書とそうでない文書の差がはっきりと見えてくる。本質を突かない文書は読む価値もない。

この「余分」を削れ・「天使を排除する」オッカムの剃刀とは

ここで「本質とは何か」について少し考えてみたい。

本質とは次の意味をもつ。

①あるものをそのものとして成り立たせているそれ独自の性質。たとえば動物を動物たらしめている性質。本性。②変化常ない現象的存在に対し、その背後または内奥《ないおう》

に潜む恒常的なもの。（広辞苑電子辞書版）

つまり、本質は表面には現われず、現象の背後に潜在する。だから、ものごとをよく考え抜き、現象に惑わされないようにしないと見えない。

私の経験から、本質をとらえるには次の方法が有効である。

①余分なものを排除する
②ものごとの機能を重視する
③ものごとの核心は何かを考える
④権威を過大視しない
⑤状況や雰囲気に引きずられない

この中でも、もっとも有効な方法が、「余分なものを排除する」ことである。

そのよい例が「オッカムの剃刀《かみそり》」だ。

ものごとについていくつかの説明が成り立つとき、「単純な説明のほうが複雑な説明より正しい可能性が高い」とする原則である。

余分なものは剃刀でそぎ落とし、できるだけ単純な仮説を立てるこの考えは、イギリスの神学者ウィリアム・オブ・オッカムに由来する。

彼は神学者ではあったが、科学的なものの考え方について考察した哲学者でもあった。

オッカムの生きた十三〜十四世紀は、月や太陽や惑星は地球のまわりを回っており、惑星は「天使」が動かすと考える天動説が信じられていた。しかし、オッカムは、天体の運行を説明するには「天使」の介在は必要ないと考えた。月や星や太陽は、神が最初に与えた勢い（慣性）で運動し続けると考えたのである。

オッカムは、こうして「天使」という余分なものを、天体の運行の説明から排除した。

オッカムの剃刀は本質に至る有力な方法を示している。

人間の思考は大河の泡のようなものであって、余分な、雑多な付着物を多く含んでいる。これらの夾雑物《きょうざつぶつ》をそぎ落とすことによってはじめて、人間の思考は明晰になり、本質に至ることができる。

要約は本質をつかむ訓練・新聞に見るズバリ要約度

二〇〇三年八月に、富士山の噴火に備えた防災マップが「富士山ハザードマップ検討委員会」から発表された。これを報道した同年八月十二日付各紙の見出しは、なかなかおもしろい。

もし富士山が噴火したら……十～二十キロ以内は「緊急避難」（日経新聞）
富士山溶岩二十四時間で東名に　要避難静岡・山梨の十四市町村（朝日新聞）
富士山防災マップ　御殿場など南東部詳細図（読売新聞）
富士山噴火の被害を予測　避難範囲、段階毎に（毎日新聞）

記事の内容は似たりよったりであるが、見出しのアピール度は違う。
たとえば朝日新聞のように「溶岩が二十四時間で東名（高速道路）に達する」といわれても、ピンとこない。片や日経新聞は「十～二十キロ以内に住む人は緊急避難が必要」とわかりやすい。毎日新聞のように「避難範囲、段階毎に」といわれても、他人ごとのようで切迫感がない。

読者にもっとも必要な情報は、噴火の気配があったとき緊急に避難する必要があるかどうかである。こう考えると、防災マップの内容を要約する「ズバリ要約度」は日経新聞がもっとも優れている。

ものごとをズバリ要約できるのは、考えるトレーニングを積んでこそである。そうでないと、いざ要約しようとしても、ズバリ本質はつかめない。

5

「読まれる文章」の書き方

「抜けた文章」は何が抜けているのか・チャーチルのいらいら「もっと短く」

新人弁護士は、よく、気の抜けたレポートをあげてくる。

だらだらと書き連ねてあるだけで、何がポイントなのかわからない。時系列で書かれているわけでもない。内容別にまとめられているわけでもない。重要順に書いてあるわけでもない。順不同で重要度も混沌《こんとん》としている書面があがってくる。

添削しようと手を入れ始めても、すぐに続く同じような混沌に、行く手をはばまれてしまう。いらいらすることおびただしい。

こんな報告書を何通も読まなければならないのだから、上司は疲れるわけである。

自分でもいいたいポイントがわからないままにダラダラと書き綴るのは、新人弁護士に限らない。

第二次世界大戦も終盤になってイギリスの首相となったウィンストン・チャーチルは、政府各部局の長に宛て、次のようなメモを送っている。

われわれの職務を遂行するには大量の書類を読まねばならぬ。その書類のほとんどすべてが長すぎる。時間が無駄だし、要点を見つけるのに手間がかかる。同僚諸兄とその部下の方々に、報告書をもっと短くするようにご配慮願いたい。(『理科系の作文技術』木下是雄 中央公論社)

戦時である。迅速な処理が必要である。簡潔、明瞭な文書は絶対的要請だ。それなのに、年配のキャリア官僚にこんなメモを送らなければならないとは、チャーチルのため息が聞こえそうである。

要約書が時間を節約する・意見書と準備書面のポイント

弁護士の作成する書類は、手紙、意見書、契約書、訴訟書類、論文などさまざまだが、重要なものは二つある。

一つは、「法律意見書」だ。「その問題について、法律的にはこう考えられる」と、弁護士としての判断を述べる。それほど長くない。数ページから数十ページくらいだ。

もう一つは、「準備書面」である。裁判所に出す書類で、「証拠によれば、こういう事実が認められる。この事実に基づき、当方は×××と主張する」と裁判官に伝える書面である。長さは、数十ページはざらだ。複雑な事件では数百ページになる。

自分用の備忘メモとは違い、意見書も、準備書面も、人に読んでもらうための書類である。

人に読んでもらう書類には、三つのポイントがある。

①相手にわかりやすい
②いいたいことが正確に伝わる
③最後まできちんと読んでもらえる

顧客にしても裁判官にしても、この書面を読むだけが仕事ではない。彼らは抱えきれないほどの仕事を抱えている。充分な時間をかけて書類を読むわけではない。だから、文章は懇切丁寧で、かつ簡潔でなければならない。

そのためには工夫がいる。

たとえば、どうしても長くなる意見書の場合、まず、二〜三ページのサマリー（要約書）をつける。これさえ読めば要点がわかるようにする。より詳しい意見が知りたいなら、添付した意見書を読めばよい。

添付の意見書では、問題点、法律、判例、分析結果、結論などを詳細に述べる。

この方法は、ビジネス文書を作成するときにも応用できる。

思わぬ誤解を防ぐには・書類は知らぬ間にコピーされる

文章は、自分の分身である。効果的にアピールするには、必ず読み手を念頭に置くことだ。

いくら平易に書こうとしても、しょせん弁護士の文章（あるいはビジネス文書）は固く、容易には理解できにくいものである。だから「顧客感覚」がないと、最悪な文章になる。顧客の担当者が、自分の文章をどのように理解し、どのように使うかについての想像力がなければ、自己満足の文章にすぎない。

たとえば意見書は、ときには年商五十億円のビジネスの行方《ゆくえ》を左右したり、対外進出プロジェクトを決めたり、対米訴訟戦略を決めたりといったことも多い。顧客の経営に大きな影響を与えるから、作成には細心の注意が必要である。

意見書はコピーされ、顧客の社内各所に配布される。ときにはトップにまで回される。そして、この意見書だけで、評価が決まる。

意見書が、書いた人自身となる。

口頭で補足説明をすることができるわけではない。後に「あの文の意味はこうです。あのときはこういう事情があったので……」などと弁明する機会があるわけではないのだ。提出したらそれっきり、である。

意見書は書き手と、読み手との真剣勝負である。読み手が考える以上の深い分析と洞察をして、まとめなければならない。顧客の問題を正確に理解し、深く考え抜いた意見書を書くためには、たとえ五ページのメモでも、作成に三十時間、五十時間とかかることが珍しくはない。

以上は、ビジネスマンが上司に提出するレポートの場合や、その他のビジネス文書の場合も、まったく同様であろう。

同じ事実も「見せ方」で説得力がまるで異なる

・キャッチコピーを盛り込む

コピーライターは、たった一行のキャッチコピーを考え出すために、百行、いや、それ以上のキャッチコピーをつくるらしい。

ビジネス文書や弁護士の準備書面などでも、キャッチコピーは重要である。要所要所に読み手をギュッと引きつける見出しやキャッチコピーがあると、文書全体が生きた表情をもってくる。

論理だけで迫ると無味乾燥で、迫力のない文章になる。感情と理性が微妙にブレンドされた文章こそ、もっとも説得的である。

商標権者（メーカー）が、コピー商品を見つけ、その商品の輸入業者を訴えたことがある。

私たちは商標権者を代理し「輸入業者の販売しているバッグは偽物であり、早急に販売差し止めをしてほしい」と主張した。だが、相手は零細な輸入業者であり、販売を差し止めると破産するかもしれないと、裁判官は多少慎重になっている。

同じ偽物は、台湾、香港、韓国で発見され、各国の法律事務所が税関、警察、裁判所へ申し立てを行ない、偽造の販売を止めてきた。私たちは七百ページに及ぶ資料を、各国の法律事務所から入手していた。

この資料を精査し、裁判官にアピールするためキャッチコピーを考え出す必要がある。右から左によいコピーを考えつくはずもない。資料を読んだ後、数日放っておく。その間に「偽造団」「多国間取引」「シンジケート」などが浮かぶ。

こうして考えているうちに、「国際的偽造シンジケート」というキャッチコピーに思い至る。

このキャッチコピーから、さらに新しい視点が浮かび上がる。

それまでは、「多国籍企業（商標権者）が零細な輸入業者に圧力をかけている」という構図になりがちだったが、これを、「ブランド確立のため多大な投資をした商標権者の利益が、国際的な偽造シンジケートにより不法に侵害されている」という構図にするのである。

この構図の把握が、準備書面を書く決定的ポイントとなる。淡々と証拠を提出し、意見を主張しても、裁判官をなかなか説得できないからである。

このように、さまざまに解釈可能な「事実」を、法律的視点から腑分けしていく。資料を読み、担当の弁護士で議論し、キャッチコピーを発想し、準備書面を書き込んでいく。文学や書簡などに限らず、法律文書でも、しばしば豊かな発想力が決め手となる。

「一目瞭然化」のテクニック・読みやすさのチェック点

メモのよし悪しは、形式に端的に表われる。メモのスタイルがよいからといって、内容もよいことは決してないが、スタイルの悪いメモは内容も悪い。

人に読まれる文章を書く場合は、相手がまっ先に何を知りたがるかを意識することが大切になる。

以下は、私が事務所で若手弁護士に日頃注意しているポイントである。これを守れば、経験の浅いビジネスマンでも弁護士でも、一応合格ラインの文書が書けるはずである。

①結論を冒頭にもってくる

国際弁護士が書くメモランダムは、アメリカの標準フォームに従って、結論を最後に述べることが多い。だが、これは実際の国際ビジネスにはふさわしくない。顧客に必要なのはビジネスの指針となる結論部分である。十ページ、二十ページの長いメモランダムを書き、結論を最後にもってくる伝統的スタイルは、迅速なビジネスに即さない。

②短文を使用する

語数にして五十～七十字程度を、一つのセンテンスの目安にする。長文は諸悪の根源である。論理的な文章を書くのであれば、短文のほうがよい。

短文を使えば、日本語特有の「～であるが」のような曖昧な「が」を使うことが少なくなる。代わりに「しかし」「だが」「かえって」のような多少とも明晰な言葉を使わざるを得なくなる。

また、短文を使えば、主語と述語の対応関係がはっきりするので、自然と受動態的表現を避けることができる。受動態は主語が不明確になりやすいので、翻訳にも困るし、法律文としても好ましくない。

③大番号、小番号をふる

たとえば、1、2、3……、1.1、1.2、1.3……、(1)、(2)、(3)……、A、B、C、……などを使う。また、見出しをつけ、改行や段落変えを多用する。そうして視覚的にも読み手が理解しやすい工夫をする。

きちんと番号がふられていないのは、考えが整理されていない証拠である。大番号や小番号をつけていないメモは、たいてい内容がまとまっていない。

④ポイントを強調する

メモの重要な部分には下線を引いたり、太文字で書くなど、ポイントの部分を強調する。そうして読み手に注意を喚起する。文章に視覚的にもメリハリをつけ読み落としのないように工夫する。

⑤図表、別紙などを使う

文章で羅列するよりも、ときには図表を使ったほうが一目瞭然である。また、法例や判例などは本文中で説明するとわずらわしいので、別紙にして必要な人だけ読めるようにする。

このようにメモの形式を整えることにより、内容も向上する。書く技術の修練を通して、私たちは判断力、洞察力を養うことができる。

第4章

「客観的に見直す習慣」をつける

私たちは「事実の代理人」である。「私がそう言う」のは「事実がそう言う」からでなければならぬ。

自分中心をやめた人が成功する。

1 自分中心の「感情」を抑える「理性」とは

自分の「市場価値」を守るもの・人の目は自分を見るようにできていない

ある初夏の日。自宅近くの遊歩道を散歩していたら、五歳ぐらいのかわいい女の子がケンケンしながらやってきた。私の顔を見ると、いかにもおかしいといった感じで、クスクス笑って通りすぎた。思わず私は、「どこかおかしいのだろうか？」と自分をいぶかった。

自分と他人の視点の違いを大いに実感させられるのは、こんなときである。

私たちはみんな、万能感をもっている。あまりにも当然で、ふだんはまったく気がつかないが「自分の世界がすべてである。自分は世界の中心である」という確固たる強烈な自意識をもっている。だから、ふだんは人を評価するのみで、人から見られ、評価されていることを実感していない。

人間の目は、他人を見るようにできているが、自分を見るようにはできていない。鏡や写真を見れば、かろうじて自分らしい者を見られる気がする。だが、「自分を見ている」と思ったとたん、もう、その「自分を見ている」という思いが、自分の姿を実体より美化してしまう。ソフト・フォーカスのかかった「美しい自分」を見てしまうのである。

こんなことがあった。顧客の役員と海外出張したとき、私がジーンズにTシャツ、ウォーキング・シューズに野球帽という姿だったので、役員は驚いたらしい。彼は、きちんとダークスーツを着こなし、ダブルカフスだった。

私は彼が驚いたことに驚いた。

私は、身につけるものは機能的なものがよい。時計はバンコクでわずか五十ドルで買ったものである。ブランド信仰はゼロである。だが、以後、その役員と出張するときは、多少ともビジネス・ライクな服装とするよう私は気づかっている。

まったく顧客の目を気にせず、機能的見地からのみ選択するとすれば、私は次のように振る舞う。

①ウォーキング・シューズを履く
私は軽度だが外反母趾《がいはんぼし》の気味があるし、扁平足《へんぺいそく》だからである。
②ヒゲを生やすであろう
私の肌は弱く、カミソリ負けをするからである。できる限りヒゲを剃らないのが私の肌にはよい。
③ネクタイをしないであろう
私は汗かきだからだ。とくに夏にネクタイを締めるという無意味な慣習に、耐えられない。
④背広の代わりにTシャツを着る
私は肩凝りのしやすい体質であり、背広のように重い服は嫌いである。

しかし、ビジネスにはビジネスにふさわしい服装がある。ビジネスの世界では、私に独自の価値があるわけではない。顧客との関係の中に私の市場価値があるにすぎない。
やむなく私は現実と妥協する。

だが、ささやかな抵抗はする。私は自分の首まわりより三~四センチもゆるく、実際の体型より二回り大きいワイシャツを着る。せめて事務所への往復はウォーキング・シューズに履き替える。まれに顧客との会議がまったくない日は、ネクタイをはずし、開襟《かいきん》シャツで働く。

相手の視点に立てない判断は過つ
・すべては人を通してやってくる

やっかいなことに、ビジネスはもちろん、日々の暮らしに至るまで、およそすべては、他人を介してやってくる。たった一人で成り立つ仕事も、暮らしも、世界中に一つもない。

アトリエにこもり、ひたすら絵筆を動かす画家など、孤独な作業のように思える。だが、絵が画商に評価され、世間が評価し、値段がついてはじめて、画家はプロとして成り立つ。

弁護士も顧客がいてはじめて生計を立てることができる。実際、顧客のいない弁護士ほどみじめなものはない。

ビジネスマンも、大学教授も、政治家も同様だ。私たちは生存の大半を、実は他人に依存しているのである。

他人が絡んでいる以上、ビジネスであれ、法廷闘争であれ、敵との交渉であれ、自分が思うような形で決着がつくことは少ない。自分が思ってもみなかった、つまり「予想外」の結果に終わることがほとんどといえる。

自分の意見に固執せず、三六〇度に視野を広げ、その視野を充分に見回していれば、他人が考えそうなこともわかってくる。逆にいえば、「予想外」とは視野を充分に広げきっていなかったこと、他人の考えに思いが及ばなかったことを意味する。

世の中で起こる判断ミスの原因のほとんどは、自分の視点からしかものを見ようとしないことにある。

つまり、相手の視点に立てないことにミスの原因が潜んでいる。

ただ、相手の視点を理解することは実に難しい。自分の利害や視点をいったん停止して、相手の立場を思いやるのは至難の技といってよい。相手の立場を正確に理解することが結局は自分のためになることなのだが、私たちはみんな、我執、我見にとらわれがちだ。相手の立場など考えたくもない。

くり返すが、自分と対立する他者の存在を知ることは、すべての人間関係の成功の鍵である。

「単なる他者」はなく、「自分とまったく違う他者」「自分と対立する他者」の存在を知ることが必要である。いわば、「異質の他者」を知ることである。単に相手を知るのではなく、相手を理解するレベルにまで至れば、鬼に金棒といえる。

「自分には他者感覚は充分ある」という読者も多いであろう。

だが、ここでいう他者感覚とは、頭で考える他者感覚ではない。もっと身にしみて他者の存在を知ることである。

この他者感覚をもつことができれば、上司と部下、夫婦、親子など、あらゆる対人関係、対世間関係を上手に転がしていくことができる。

ふだん、私たちは「大地はどこまでも平らで確固としている」と感じている。もちろん誤解にすぎない。

だが、同様の思い込みは、「世界」のイメージについてもあるのだ。

私たちは、暗黙のうちに自分と他人は一つの世界（価値観）に住んでいると考えている。「この社会や世界は確固とした固定したもの」という抜きがたい信仰をもっている。そしてそのことを疑いもしない。

果たしてそうであろうか？

「話せばわかる」を前提にするな・わかり合えない他者

哲学者サルトルは「地獄とは他人である」という。自分とは育ちも環境も違う他人は、自分とは完全に違う価値観や世界像をもっている。

だが、ふだんからそう考える日本人は少数派だろう。

日本のような擬似同質社会では「話せばわかる」を暗黙の前提にしがちである。日本人は、「とことん話し合っても絶対にわかり合えない他者」の存在に慣れていない。相容《い》れない価値観を認めず、対立を曖昧にしたまますべてが流れていく。家庭でも、職場でも、社会でも、「個人の存在」は希薄である。

とはいえ、それは単に表面上のことであって、個人の間の溝は意外に大きく、他者の内面はうかがいしれない。

たとえばリストラ、不況、離婚、事故、災害など、危機的状況に直面してはじめて自分と他人との暗く深い溝に気がつく。同じ価値観をもち、同じものの見方をしていると思っていたのが、人生の裂け目に直面して、実はまったく相反する見方をしていたことに驚く。

自分は「他人の生存手段」でもある・西欧個人主義の三要素

再び問う。果たして私たちは同じ世界に生きているのだろうか。それぞれが別の世界に住んでいると考えたほうが現実に即してはいないだろうか？

文化人類学者の濱口恵俊教授（国際日本文化研究センター）は、西欧流の個人主義とは三つの要素を含むという。（『「日本らしさ」の再発見』濱口恵俊　講談社学術文庫）

第一に、自分こそが人間世界の中心であるとする自己中心主義。

第二に、自己の生活をするにあたっては他人への依存を否定する自己依拠主義。

第三に、対人関係を手段視する見方。

このうち個人主義の中核は「自己中心主義」である。「自己」こそが世界の中心であり、誰からもその権利を奪われてはならない。自立した「個人対個人」の関係は、あくまで自己にとって有利であるから維持されるにすぎず、自己にとって役立たない対人関係は、いずれ解消されてしまう。

他人を「自己の生存の手段」と見る見方は、日本人にとって非常に居心地が悪い。だが、このような「かたくなな個人主義」は、西欧社会に見られる普遍的な精神である。西欧的精神の背後には、このような強烈な個人主義がある。だから争いが絶えない。しかし、それだからこそ「異質の他者」に敏感である。

2 「妥協できる」と「泥沼化」を分けるもの

サラリーマンの九割が「自分を知らない」・成績不良社員の自己評価は?

人は自分で考えているよりはるかに自己中心的だが、そのことには気がついていない。他人の批判は得意だが、自分も他人から批判されているとは思わない。

自分が他人の評価の対象になっていることを、肌身にしみて知っている人は少ないものである。

労働事件の相談を受けると、人間がいかに自己中心的か納得できる。

ある企業から成績不良のセールスマンを解雇したいと相談されたことがある。会社側の総合評価は五点評価で二点（水準以下）だった。そのセールスマンの人事評価表には、上司の厳しいコメントが付されている。

①仕事に対する自主的な取り組みがまったくなく、同僚から信頼されていない
②自己主義的。社外においては多くの敵をつくり、社内においては孤立している。社会人としての基本からの再教育が必要
③総合的な見地からものごとを判断することができず、企業人としても成長は完全にストップ。自意識過剰、反省皆無で対応に苦慮している
④ポカ休（無届け休暇）が多く、嘘の報告をする。注意すると反抗的態度をとり、扱いにくい

だが、そのセールスマンの自己評価は、これとまったく異なる。責任性、積極性、協調性などのすべての評価項目に四点か五点をつけている。総合評価も四点（優秀）の評価である。今期の会社への貢献も強調されている。

①商品の返品率を最低に抑えた
②潜在的ユーザーの開発に成功を収めた
③販促会議運営の円滑化に寄与した

　このような評価ギャップは、決して珍しいことではない。私の経験では、サラリーマンの九割近くはそうである。

「ろば」が「自分は駿馬」と思うとき・自他評価のギャップ「うぬぼれ鏡」

　問題社員は決まって、「自分のことを会社はよくわかっていない」と主張する。裏返せば、「自分はもっと価値がある。自分の実力を会社は活かしていない」ということであろう。

　だが、それは誤った思い込みにすぎない。自分では「サラブレッド」と思い込んでも、他人には「ろば」としか写らないことはよくあることである。自分を評価するのはあくまで他人であって、自分で自分を評価するというのは矛盾である。それを許すと、組織は成り立たない。

　他人が自分をどう見ているかを感じる感性は、世間を渡るために必須である。だが、ほとんどの人は自分を過大に評価し、「自分の真実の価値を会社が評価しないのは間違いだ」と考える。

だから、このような社員にかかると、会社が善意でする肩たたきも「退職強要」ということになり、泥沼の解雇事件に発展していく。

もっとも、今回はこの程度の成績不良では解雇するのは法的に難しい。問題の社員は配置転換ということになった。

他者の思惑は、常に私たちの予想外である。私たちはそのことを肌身で知らなければならない。他人が私にどのようなイメージをもとうとも、私はそれをコントロールできない。同様に、上司が部下に対してもつイメージを、部下はコントロールできない。部下が上司に対してもつイメージを、上司はコントロールできない。

「うぬぼれ鏡」という言葉がある。実際の姿形を映し出している鏡の像でさえ、人はうぬぼれて、自分をひいき目に見る。

まして大学教授などのように、世間では一応「権威ある」存在だとみなされている人は、自分を優秀だと思い込んでいる人が少なくない。

大学教授を対象にした調査では、九四パーセントの教授が、自分は同僚より有

能だと考えている。(『人間　この信じやすきもの』トーマス・ギロビッチ　守一雄、守秀子訳　新曜社)

自分を水増し評価していい気分になっているのは、必ずしも悪いことばかりだとは思わない。客観的な評価ばかりを直視させられれば、たいていの人は自信を失なってしまい、ますます萎縮してしまう。

自分に対する甘めの評価が、精神的安定をもたらし、意欲をかきたてるという面もある。

だが、自分を見るときには、この心理から、少し割り引いて見るようにすることだ。そして、人に接するときは、反対に水増し評価で接したほうがうまくいくことが多い。

「ない」のは「見ない」だけではないか・自己と他者はすれ違う

身のまわりをちょっと観察すれば、自分と他人の思いはよくすれ違うことに気がつくだろう。

耳の遠い母親に「聞こえないの？　何回もいっているでしょ！」と娘が怒っても、母親にすれば「今はじめて聞いたのに……」という思いがあろう。

自分は待ち合わせにいつも二十〜三十分も遅れるくせに、人が時間に十分でも遅れると文句たらたらの人。禁煙のレストランで平然とタバコを吸う人。ケータイ禁止のラウンジで電話する紳士。自分と他人のすれ違いは日常茶飯事である。

十年前、職場の同僚を殴ったことを本人は忘れているが、殴られた同僚は根にもって仕返しをした事件を扱ったこともある。

私たちは他人に迷惑をかけるときは鈍感だが、迷惑を受けるときは敏感である。こうして自他はいつもすれ違う。

表面的なつき合いや、利害関係のないつき合いであれば、自己と他者の根本的対立に巻き込まれることもない。

しかし、無事平穏に見える会社や組織でも、一皮めくれば、深刻な対立の連続であることがわかる。平穏と見える組織も、人事や総務を担当すれば、人間関係のドロドロした葛藤の連続であることがわかるだろう。自分が当事者にならないから知らないだけである。

どんな小さな組織でも、平穏のうちに何ごともなく継続していると思うのは幻想にすぎない。利害の対立があらわになったとき、人ははじめて他者との間の深い闇に気づくことになる。

対立点を知ることが妥協を知ること・自己と他者の抜きさしならぬ関係

だが、ものごとを深く考えることをしない人々は、この基本構造を見すえることなく、自分こそが正しいと錯覚し、他者を非難して毎日を過ごしている。

自己と他者の対立こそは、人生の根本問題の一つである。

渡辺二郎東京大学名誉教授は、『人生の哲学』の中で、濃密な人間関係の中に放り出された自己と他者の対立を、次のように断じている。

込み入った対人関係のうちへと私たちは必然的に引きずり込まれ、さまざまな結合や対立、連帯や反目、競争や嫉妬、憎悪や敵対、妨害や邪魔、いじめや攻撃、和解や寛容、無関心や傍観、冷淡や冷遇など、他者との心理的葛藤の中に立たされ、人生の修羅場、もしくは、いってみればこの世の「地獄」である対他関係の渦中に巻き込まれ、苦悩することになるのは必定である。

愛情や理解力に満ちた対人関係のほうが、むしろまれであり、冷淡、無視、妨害、意地悪、いじめ、攻撃、破壊、暴力、エゴイズムの対立、相互誤解、激怒、憤慨、裏工作、陰口、噂話、邪推、悪意などの、人間の根底に潜む暗い情念が、複雑多様な様相をとって現われ、人間関係は、重苦しく、不快な姿に変わることのほうが多いからである。(『人生の哲学』渡辺二郎　放送大学教育振興会)

しかし、自己と他者の根本的対立を肌身で知れば、人と上手に距離をとることができるようになる。自分の視点から他人を見るのではなく、他人はまったく異質であると考えること、つまり、他者感覚をもつことが、上手に世を渡るコツである。

弁護士の「顧客感覚」・他者感覚はこんなに役立つ

最近では弁護士業も競争がますます激化している。デュー・デリジェンス（合併前の相手企業調査）などでは、企業は多数の法律事務所から法律意見書の相見積もりをとる。いわば入札制である。

弁護士にも他者感覚（顧客感覚）が必要とされる時代になった。

私には二百社の、主として多国籍企業の顧客がいる。国籍ではアメリカ、日本、イギリス、ドイツ、オランダなど。職種では、自動車、コンサルティング、スポーツ用品、医療機器、電気通信、分析機器、フットウェア、アパレル、通信社、時計、レコード、半導体製造機器、ゲームソフト、タバコなど、さまざまである。その気になれば、私は顧客のワイシャツを着、時計をはめ、靴を履き、自動車に乗り、パソコンを操作し、ビールを飲み、住宅に住み、頭痛薬や風邪薬を飲むことができる。

私の顧客は、リピーターがほとんどである。たとえば、自動車メーカーのD社は二十年、経済情報プロバイダーのR社は三十年、コンサルティングのM社は二十年の長きにわたっている。いずれも私が三十代、四十代はじめに顧客になった企業であるが、いまだに続いている。

新しい顧客をとることも難しいが、顧客を長い間維持するのも至難の技である。

きちんとした仕事をしていても、担当役員が変わったりすると、新役員の知り合いの弁護士事務所に替わる例も多い。

また、顧客の担当役員には、私の直言を好まない者や、都合の悪い意見を毛嫌いする者もいる。助言するにもタイミングを選び、いい方にも気配りは欠かせない。

だが、苦い薬をオブラートに包んでも限界がある。「社内でいろいろ差しさわりがあるから意見を変えてくれないか」と頼まれることもあるが、説得しても駄目な場合は「縁が切れてもやむを得ぬ」と腹をくくるほかはない。担当役員の保身のために私の意見を曲げるわけにはいかない。

ライバルの事務所との競争に打ち勝ち、顧客を獲得し維持できたのは、若いときにサラリーマンを経験したおかげである。宮仕えしたおかげで、他者感覚の大切さに気づき、さらに弁護士経験がそれに拍車をかけた。

顧客の維持・獲得以外にも、他者感覚を身につけると、以下のような効果があった。

①交渉相手の出方を予測し、上手に妥協をはかることができる

②紛争が拡大するのを予防し、事前に予防策を打つことができる
③本業以外にも、事務所の経営、人事、家庭のマネジメントなど、対人関係の処理がうまくいく

他者感覚を身につければ、他者との対立があったときに、具体的に対応策を考慮し、妥協に至ることができる。つまり、「他者感覚→具体策の発想→妥協」というプロセスを踏むことになる。

これに反し、他者感覚がないと、「他者感覚の欠如→不満と対立→泥沼化」というプロセスをしばしば踏むことになる。こんな例を私は数多く経験してきた。

3 他人をどう理解していくか

「知らず知らず」に要注意・奇跡も悪夢も見方の違い

奇跡か、悪夢か。立場によっては、これほどの見方の違いが生じるという話を思い出した。たしか、こんな内容である。

二〇〇一年、米国メジャーリーグ・ワールドシリーズで、ヤンキースが四戦、五戦と逆転勝ちした。新聞はこれを「奇跡の勝利」と書き立てた。

だが、読者から「抗議」があった。

「あれは奇跡の勝利ではなく、悪夢そのもの。二戦連続、土壇場で同点ホームランを打たれたストッパーのキム投手がかわいそう」

この話は、私たちのものの見方のゆがみを象徴している。

記者は知らず知らず、ヤンキースに感情移入して報道していた。この「知らず知らず」こそが曲者《くせもの》である。自分では当然と感じているが、他人はそうではない。そのことに気づいていないだけに、タチが悪い。

人はみな巨人ファンではないし、阪神ファンでもない。タバコが嫌いな人もいるし、体質的に酒を飲めない人もいる。通勤電車では、きつい香水や整髪料はハタ迷惑である。

世の中には自分の意見、感性、生理とまったく異なった人が数多い。常にそういう自覚をもって行動したいものだが、なかなかそれができない。

誠意はどこまで解決策になるか
・日米交渉の行き違い

アメリカは訴訟社会である。自己と他者の熾烈《しれつ》な相克《そうこく》の社会である。実際、ちょっとした行き違いでたちまち訴えられる。

だからこそ、アメリカ企業を相手にするときは、将来の紛争に備え、およそ考えられる限り細部にわたって、契約条件の交渉をすることが大切なのだが……。

数年前のこと、日米企業間の契約交渉に立ち会った。アメリカ側は契約の解釈について争いが生じた場合、カリフォルニア州の裁判所で解決したいという（管轄裁判所指定条項）。日本側は「紛争があっても当事者が誠意をもって話し合う」条項（誠意協議条項）を設ければ、充分であると主張した。

米「協議するといっても、当事者で協議して解決できなかったらどうするか？」
日「さらに話し合う」
米「それでも意見の違いが埋まらなかったらどうするか？」
日「一致するまで話し合う」
米「話し合っても解決しなかったらどうするか？　裁判所で解決するしかない」
日「とことん理解できるまで話し合う」

アメリカ側は日本側の主張が理解できない。論理的に考えれば、どう見てもアメリカ側に理がある。しかし、日本側にしてみれば「裁判とは穏やかではない」のである。

完全なすれ違いである。

日本人は、自分と他者との意見の相違を容易に認めない。他者との対立を避けたいので、あたかも対立がないような曖昧な立場をとり続ける。だが、それは現実に即さない。紛争や対立は必ず起きるものである。日本側の立場には、「異質の他者」に慣れていない日本的なものの見方が色濃く反映している。

共感能力と社会適応力は比例する

・共感能力をもつ人は心の成長した人

妻と回転寿司に行ったときのことである。味もよく、満足したが、妻はヒラメを一カン残している。「どうして?」と聞くと「ちょっと時間がたちすぎていたみたい」という。それでも味に満足して代金を支払っていたところに、若い店長が近寄って、「乾いていましたか?」と聞く。妻が「ええ、まぁ」と答えると、「申しわけありませんでした。気がつきませんで」と腰を低くして謝り、代金の四百円を勘定から差し引くように会計係に指示した。

店を出て私たち夫婦は、期せずしてこの回転寿司の対応をほめた。

混んだ店内で、お客が残したわずか一カンのヒラメにすぐさま気づいた感性。しかも四百円の値引き。これこそ抜群の他者感覚といえよう。

私はもちろん、このエピソードを自分の事務所で若手教育の教材として使った。顧客対応の一助にである。

アメリカの心理学者ハインツ・コフートは、成熟した人間関係には、共感の能力が必要だと述べている。共感は、「自分の主観を用いた、相手の気持ちの観察の手段だ」という。相手の立場に身を置いて、自分がどんな気分や感情になるのだろうと想像するのである（『大人のための勉強法』和田秀樹　ＰＨＰ研究所）。

コフートは、共感という体験を通じて、人間は心理的に結びつくことができるという。ふだんから相手の心に波長を合わせて、相手が自信を失なっているときに支えてあげれば、自分にもそうしたことが返ってくるという。

コフートの説では、他人への共感能力があり、それを通じて、なめらかなお互いの関係をつくれる人が「心の成長した人」だという。ビジネスでの対人関係にこの考えはそのまま適用できないが、共感能力が大切なのはビジネスでも同じである。

4 視点をガラリと変える技術

戦略とは相手の戦略に手を打つこと ・顧客をも「第三者の目」で見られるか

弁護士という職業は、顧客の立場を徹底して客観視することが必要である。顧客が原告なら被告の立場を、顧客が被告なら原告の立場を理解した上で、「裁判官（第三者）ならどう判断するか」と考える。それができるか否かで、勝敗の行方は大きく変わってくる。

だが、そもそも相手の立場を理解することが至難の技だ。まして、裁判官がどう考えるかまでは思いよらないのが実情である。

相手の立場を理解するには、基礎情報の収集が必要である。

顧客の立場に立って情報を収集しても、都合のよい情報しか収集できない。それでは「現実」は見えてこない。そうではなく、相手に有利な、従って自分には不利な情報、証人、証拠を集め、できるだけ正確に判決の見通しを立てる。それが結局は紛争の解決に役立つ。

ところが、現実には顧客の片寄った断片的情報を丸飲みし、調査する手間を省きがちである。

弁護士は客観的にものごとを判断すべきなのだが、人間の心理としてどうしても顧客の立場に感情移入してしまう。片寄った情報でものごとを判断するから、視点が固定して異なる考え方を受けつけない。パソコンの画面がフリーズしたようなもので、押しても引いてもウンともスンとも動かない。パソコンはリセットがきくが、人間はリセットがきかないので始末が悪い。

こういう弁護士に限って、ものごとを善か悪かで単純に割り切る。この手の弁護士は、想像力や感受性が欠けているため、現実を洞察するためには、具体的、繊細、微細な情報が必要であることがわからない。そして、裁判の途中で予想もしなかった反撃（反対の証拠や証人）にあって総崩れとなる。

それもこれも、自分と対立する他者の存在を抽象的にしか考えず、相手の打つ手を具体的に読めないからである。

「相手方の立場に立ってその戦略を考える」というと簡単なように思えるが、実はこれがもっとも難しい。

室町時代の能役者・世阿弥《ぜあみ》のような天才ですら、そうだった。自己中心の視点の誤りに思い当たり、観客の立場で「能を舞う私」をイメージする技法、「離見の見」を悟ったのは、五十代の後半である。

弁護士も役者と同様、三十代、四十代ではいかに優秀であっても、自分を客観視することはできないといってよい。

人は「我見」の塊《かたまり》であるから、自分と真っ向から反対する相手の立場を理解しようとすることは、感情的にも難しい。自分に不都合な話を聞くことは不愉快きわまりないことだからである。

だから、不快な情報を受け入れるには、豊かな経験と心の度量、さらに対象と距離をとってものごとを考える冷静さが必要である。

感情より「計算」が解決をもたらす・テロ対策には「テロリストの目」をもつ

弁護士は、常に反対者、反対意見と戦い、打ち勝つことを求められる職業である。武器は刀や銃ではなく、法理論と証拠を道具に戦うが、裁判の本質は戦いである。戦国時代の武将の気概をもち、情報を集め、相手の出方を読み、戦略を立てなければならない。相手に打ち勝つためには、何より、「相手はこういう反論に出てくるかもしれない」と、あらゆる可能性を想像することが必要になる。

交渉でも裁判でも、相手の出方を探るには、自分が相手の立場に立って考えることがもっとも有効である。

ビジネスの現場でも、交渉ごとでも、紛争でも、戦争でも、相手の立場に立って自分を見る眼をもたないと、適切な対策はとれない。

テロリストに対するためには、「テロリストの目」で見る視点が必要である。「理解なくば、対策なし」である。実に、相手を「理解」できれば、大半の問題がうまく処理できるといっても過言でない。

相手が別世界に住むと思えば、多少は冷静にものごとを見、感情的な判断を控えることができるようになる。ちょうど未知の国を訪れる探検家のように、怒ったりわめいたりするよりも冷静な観察こそ身を守るのである。

報復は感情からではなく、計算に基づいて行なうほうが有効である。冷静な対応こそが、本質的解決の鍵である。

5 「客観」を身につけるケーススタディ

ある弁護士からの「愚かな手紙」・二百億円絵画返還要求事件

他者意識の大切さを痛感させられる、こんなケースがあった。

日本の業者が、ヨーロッパのA財団から絵画コレクションを借り出し、日本で展覧会をやったことがある。私は、借り手側の、つまり、日本の展覧会の主催者の顧問をしていた。

ところが、展覧会を開いている最中に、ヨーロッパのB財団の依頼を受けたという日本の弁護士から、一通の内容証明郵便が舞い込んだ。「これらの絵画の権利はB財団の手に移った。従って、絵画はB財団に返却してくれ」とある。

絵画は、総額二百億円という、とてつもない価値をもつ作品群だった。

内容証明には、A財団で御家騒動が起こり、A財団からB財団が分裂したいきさつが述べてある。だが、それ以上の詳しい説明はない。

「B財団に絵画の権利がある」とあるが、その権利が、所有権なのか、管理権なのかさえわからない。ただ、「返せ、返せ」とくり返すだけの、まるで駄々っ子のような文面だった。しかもベタ打ちの書面で、改行、改段落もなく、項目に番号を付してあるわけでもなく、読みづらいことおびただしい。悪文のサンプルである。

しかし、内容証明の要求を受けたからといって、二百億円もの絵画を誰がすんなり引き渡すだろうか。

顧客はA財団から借りたのであって、B財団からではない。

私が相手側の弁護士だったたらなら、突然、内容証明を送りつけたりしない。これだけの金額が絡む案件であれば、要求を受け入れることは期待できない。どうせもめるに決まっている事件である。

私なら、まず、B財団から、詳しい背景事情を聞く。A財団からB財団にどういう権利がどう動いたのかを詳しく聞き出す。充分な理論武装をした上で相手方の弁護士にコンタクトをとり、「こういうわけで、内容証明を送らせていただきますのでよろしく。できれば早急に話し合いたい」と電話の一本も入れるだろう。

あまりに一方的な文面なので、顧客も戦うほかに選択肢はなく、私は要求を拒否する内容証明を送り返した。

くだんの弁護士からは、その後も何のコンタクトもない。そして、再び内容証明の第二弾が送られてきた。

またしても、自分サイドの要求事項しか書いてない。私の顧客もこれにはカッときた。裁判されれば断固受けて立つ、と腹を決めた。しかし、裁判になったとて、相手の主張には理がない。勝てるわけがない。

結局、相手の弁護士とは二度ほど形だけの交渉をもったが、こちらは相手の要求を完全拒否。展覧会終了後、A財団に絵画を送り返して落着した。もちろん、相手は何をすることもできなかった。抜こうとした刀は竹光だったのだから。

相手の弁護士からの内容証明を、私は事務所の若手弁護士の教育に使っている。いうまでもない。こういうものを送ってはならない、という反面教師としてである。

敗者の多くは「自分の思惑」で戦っている・警告の仕方も千差万別

私は、相手に出す要求や警告は、普通の手紙形式で出したり、タイトルをつける場合には「ご連絡」「通知書」「要求書」「警告書」などと使い分けている。どういうタイトルをつけるかは相手次第だ。

自分の思惑で使い分けるのではなく、相手によって使い分ける。これが、ポイントである。

送付方法も一般郵便、配達証明、内容証明、と事案の軽重に応じ、使い分けるようにしている。

相手が一般人の場合、圧力をかけすぎては後の交渉に悪影響を及ぼす。中には、弁護士からの「内容証明」が届いただけで、夜も眠れなくなってしまうほど落ち込む偽ブランド品を売る小悪党もいる。事案によっては内容証明郵便に替え、一般郵便で送る。ただし、夜も眠れない小悪党が悪事をすぐやめるかというと、そうでもない。ぬらりくらりと偽ブランド品を売り続け、簡単にはやめない。それが人間というものである。

相手とすでにもめているような場合も、ときとして一般郵便で送る。内容証明だと受領拒否をすることも多いからである。

受領拒否されるよりは、手紙を送りつけ、こちらの要求や裁判に訴える決意を知らせて、交渉に入ったほうがよい。

このように、郵便物の送りかた一つでさえ、相手を読み、相手の視点に立って考えることが欠かせない。

弁護士もビジネスも、仕事とは、常に相手との「戦い」である。「戦い」には自分とはまったく立場の違う、利害の対立する相手という存在がある。臨機応変、機敏に相手の出方を読み、対応しないと一瞬ですべてを失なってしまう。

相手がオーソドックスなタイプなら、こちらもオーソドックスに戦う。

一般には正攻法こそベストな戦い方だが、相手がダーティな戦法をとるのであれば、それを予想して手を打たなければならない。「相手が汚い手を使うので、まいりました」では、顧客から見放されてしまう。

相手が攻撃的なタイプであれば、泥仕合を避けつつ、こちらも攻撃的にならなければならない。逆に相手が無知、無防備なら、その弱みにつけ込んで、顧客の有利に問題を解決する。

「ほどよい落としどころ」の決め方・法外な要求は相手の怒りを買う

アメリカのあるファッションブランドが日本に上陸しようとしたとき、商標権の争いを代理したことがある。

その人気ブランドの名を「J」としよう。Jブランドが日本に進出しようとしたとき、すでに日本におけるJ商標三十件を登録していた日本人からクレームがきた。三十件の商標を買えというのである。

Jは海外ではすでに人気ブランドであり、いずれ、日本上陸の日もあるだろうと見込んで登録したに違いない。法律的には「フリーライド」（ただ乗り）といって違法な行為である。

しかし、商標の取り消しを求めて法律手続きをとっている時間はない。やむなくこの男と買い取り交渉をすることになった。

だが、買い取り金額が問題であった。

彼は自分ではこの商標を使ってもいないのに、三十件まとめて一億円という金額をふっかけてきたのだ。ほとんど恐喝といってよい金額である。

再三交渉しても、らちがあかない。男は次第に値を下げてきた。だが、それでも「七千万円はほしい」といって譲らない。一千万円くらいはやむを得まいと考えていた顧客も、さすがに腹を立てて交渉は決裂、徹底抗戦ということになった。

こうして私たちは、特許庁に対し、男のもっている商標の取り消しとともに、新たにJ社の商標を申請した。

一年間にわたる長い戦いだったが、結局、男の商標はすべて取り消され、J社が正当な商標権者として特許庁に登録された。

この男の失敗の原因は明らかである。

J社の立場をまったく読み損なったのである。

これが、J社の立場も考慮して、世間相場の金額を提示したら、おそらくこの事件は和解ということになり、J社も二千万円程度は支払ったかもしれない。この男は、金ほしさに法外の要求をして、すべてを失なってしまったのである。

ケタ違いの要求をし、結果的につぶれてしまうケースは、ビジネスでもよくあることである。

他人が自分をどう見ているかを知らないと、結局自分が損をすることになる。

彼我《ひが》の立場を充分に視野に入れ、ほどよい落としどころを見逃さず手を打つ。それができれば、ビジネスも私生活も上手に乗り切ることができる。ところが、どうしても自己の利益を優先し、妥協することができない。そしてすべてを失なう。

よく「あの人にはツキがある」といわれる人は、ただ幸運なだけではない。彼我の立場の見定めかた、妥協の仕方が上手である。つまりは、他者感覚が鋭いということなのである。

6 「人の見る自分」を行動原理に組み込む

「芸の広さ」が仕事にも必要・「離見の見」こそ最上の他者感覚

他者感覚のレベルには、低レベルから最高レベルまである。「人の目に映る自分の姿」をイメージして行動する。世阿弥はこれを「離見の見」と名づけた。これこそ他者感覚の最高レベルである。高度な能楽の理論なので、少々難しいが、理解すれば今後のビジネスにも大変効用があるものである。

世阿弥は、思想家と呼ぶにふさわしい天才だった。『風姿花伝』『至花道』『花鏡』など多くの伝書を残したが、これらは門外不出とされた。このため世阿弥は長く忘れられてしまう。再び一般に知られるようになったのは、明治末に『風姿花伝』が発見されてからのことである。

世阿弥以前の猿楽（当時の能楽の呼称）は泥臭く、大衆的な「俗の世界」の演芸であった。それを現在のような形式美、幽玄美、装飾性を備えた「能」へ高めたのが世阿弥である。

当時、猿楽は田楽と各地で熾烈な競争をしていた。世阿弥にとって大衆にアピールし、天下の名声を得ることが何よりも大切であったが、彼にはジレンマがあった。観客には鑑賞眼の高い者（目利き）もいれば、低い者（目利かず）もいる。

世阿弥は将軍・足利義満や摂政の二条良基の庇護を受けていたから、貴族階級の鑑賞眼に堪える芸を演ずる必要があった。

しかし、大衆の喝采を得ることなしには、興業は成り立たない。上手な芸は目利きの観客には受けるものの、目利かずの観客には受けない。下手な芸は目利かずには受けるが目利きには満足してもらえない。

父の観阿弥《かんあみ》は広い芸域の持ち主であった。観阿弥の芸は、鑑賞眼の低い観客にも、高い観客にも受ける。大衆を喜ばせる一方、幽玄の美を加味することも巧みであった。農村でも都市でも名声を博し、将軍から大衆にまで賛美された技の持ち主であった。高級な芸も下級な芸もやすやすと演じた。

「父を超えるにはどのように演じるべきか」が世阿弥の課題だった。幼児より早期教育を受けた世阿弥は、二代目タイプで、父ほどの芸域の広さを備えていなかったようだ。父を越える芸を求めて長い間の思索の末、彼はついに「離見の見」に至った。

「我見」と「離見」の差を埋めていく・世阿弥の最高の舞の評価が低かった理由

ある日、自分では非常によく舞えたと思っているのに、観客の反応はいま一つ、ということがあった。観客から受けなかったのだ。こんな経験をくり返し、世阿弥は、離見、つまり、自分自身を観客の目で見なければダメだということを悟った。

『花鏡』で彼は世界でも類を見ない演劇理論「離見の見」を語っている。世阿弥は役者の自意識を「我見」と呼び、これに対して観客が役者を見る目を「離見」と呼んだ。「離見の見」とは、一口にいえば、「能を演じている自分を見るもう一人の自分（観客）の視点」をいう。

観客によって見られる演者の姿は、演者自身の眼を離れた他人の表象〈離見〉である。いっぽう、演者自身の肉眼が見ているものは、演者ひとりの主観的な表象〈我見〉であって、他人のまなざしをわがものとして見た表象〈離見の見〉ではない。

もし他人のまなざしをわがものとして見ることができるならば、そこに見えてくる表象は、演者と観客が同じ心を共有して見た表象だということになる。それができたとき、演者は自分自身の姿を見とどけ得たわけである。

役者がいかに自分がよい演技をしたと思っても、観客に感銘を与えないのでは、自己満足にすぎない。だが、観客のレベルには落差があるし、役者は観客ではない。

この埋めがたい溝を何とか埋めるためには、みずから演技しながらも、その演技を見つめる観客の目をイメージする必要があった。自分の舞姿を、観客と一緒に眺める意識をもつ。そうすることで、自分では意識しなかった演技の欠陥を見ることができる。

自分自身の姿を見とどけたのであれば、左右前後、四方を見とどけたということとになるはずである。しかしながら、人間の肉眼は、目前と左右までは見ることができても、自分の後姿を見とどけたためしはないであろう。

だが、能の演者は自分の後姿まで自覚していなければ、思わぬところで表現が通俗になるものである。

したがって、私たちは他人のまなざしをわがものとし、観客の眼に映った自分を同じ眼で眺め、肉眼の及ばない身体のすみずみまで見とどけて、五体均衡のとれた優美な舞姿を保たねばならない。これはとりもなおさず、心の眼を背後において自分自身を見つめるということではないのだろうか。(『日本の名著10世阿弥・変身の美学』山崎正和現代語訳　中央公論社)

世阿弥が「離見の見」に至ったのは、五十代の後半から六十代のはじめにかけてであったようである。世阿弥ほどの天才でも、演技者の自己中心的な見方から離れ、第三者(観客)の目で自己を見る視点に至るには、長年の人生経験を要した。それほど自己を相対視することは難しい。

「我見」と「離見」の差は小さな違いに思えるが、実はその間には大きな溝がある。

第5章

「他者を深く読む力」をつける

仕事も運もお金も、すべて人間が運んでくる。
人間は性善説では割り切れない。
人間の本性を読む力が必要なのは弁護士だけではない。

1　弁護士は人をどう深く読むか

無邪気に接するだけでは心は測れない・不審者のシグナルを読む

あるブランド品の偽物が出回って、対策会議がもたれたときのことだ。顧客が連れてきた代理店の四十代後半のセールスマンのようすが、私には何か引っかかった。中肉中背で背広に白のワイシャツ姿。外見は普通のサラリーマンである。だが、やけに日焼けしている。目に険《とげとげしさ》があり、キョロキョロと落ち着かない。口調もはすっぱで、まっとうなサラリーマン人生を送ってきたようには見えない。そわそわした早口で、しばしば唇をなめるなど、私との協議にかなり緊張しているようすである。

経験からすると、この男には何かある。

だが、顧客の法務課長は彼を信頼しているらしく（いわば身内だから当然であるが)、偽物と真正品の差異を細かに会議で説明する。こんな企業秘密が外にもれたら、目も当てられない。より精巧な偽物が出回るからである。会議の後、私は法務課長にそれとなく秘密保持に注意するようながした。だが、課長は取り合わない。むしろ心外というふうで、「あの男は大丈夫です」とくり返す。

だが、私は彼との連絡では、あまり手の内を明かさないように注意した。

二年たって、この男の正体が発覚した。

彼は、こともあろうに偽造品を販売するグループから金をもらい、情報を提供していたのである。口調がはすっぱだったのは、そんな連中とつき合っていたからである。

同様の経験が、私には何度かある。法務課長にしても、類似の経験があったはずだ。職業柄、無防備に人と接するのではなく、たとえ仲間であろうと人間を観察する。そんな意識をもっていれば、この男の発する怪しげなシグナルに気づいたはずである。

だが、法務課長は男の正体に気づかず、顧客の会社は裁判に巻き込まれた。法務課長は監督不行届で左遷されたのだった。

私が弁護士としての経験から学んだことは、こういうことである。
「無邪気に他人に接するよりは、人の本性を見きわめるつもりで接したほうが、将来をよく読める」

すぐ「窮鼠」になるタイプに要注意 ・瞬時に交渉相手の性格を見抜く

人の本性はさまざまである。優柔不断、利害打算、軽佻《けいちょう》浮薄《ふはく》などなど。優柔不断の人物は部下の信を失ない、利害打算一辺倒の人物は人を裏切り、軽佻浮薄の人物はやがて手ひどい失敗をするものである。

したがって、相手の本性をズバリ読むことが、弁護士にも、ビジネスマンにも大切になる。

それが端的に表われるのが交渉だろう。

あるとき、社員五十人ばかりの会社が、不良社員を解雇したことがある。社員は社外の労働組合に駆け込み、組合の代表が交渉を求めてきた。こちらは社長と私、相手方は元社員と労働組合代表である。型どおり自己紹介を終わり、席に着いたとたん、組合代表が、「解雇撤回は絶対の条件だ。認められなければ裁判に訴える」と圧力をかけてきた。

こちらは「涙金を支払って一件落着」を狙っていた。だから、不意を突かれた。刀を使う決闘だと思っていたら、突然拳銃を突きつけられたようなものである。

とっさに私は強く出るべきだと判断し、「交渉のつもりで来たのに、前提条件つきなら意味はない。交渉は決裂。次回は裁判所でお会いしましょう」といい放ち、席を立った。強気に出たのはもちろん、「裁判になっても充分勝てる」と思ったからである。

相手もこちらの反応に驚いたろうが、引くに引けない。こうしてわずか五分間で交渉は「決裂」した。私が今まで経験したもっとも短い交渉である。

このとき私は反射的に対応したつもりだったが、よく考えるとそうでもない。組合代表と会った瞬間、私は経験的に「この男は合理的打算のできる人物だ」と判断したのである。

きちんとした身なり。名刺交換時の動作。言葉にトゲのない挨拶。険のない顔つき。彼は常識人であり、理性の勝った男だと感じた。だから「裁判をする」といっても、すぐ訴えることはしないだろうと考えたのである。

もし彼がだらしない服装で、名刺交換時の動作もぞんざいだったとしたら、私は「この男に合理的打算ができるだろうか？」と疑っただろう。そして、「まあまあ、そういわずに、とりあえず話を続けましょう」となだめたであろう。将来の見通しを考えずに裁判されては、こちらも余分なコストがかかる。

もし彼の言葉がトゲトゲしく、表情に険があったら、私は「感情の勝った男だ」と感じ、低姿勢で話を続けたろう。感情の起伏の多い人は、威勢はよいが、ストレス耐性が低く、キレやすい。このようなタイプには、ぎりぎりまで圧力をかけないほうがよい。圧力をかけすぎると「窮鼠《きゅうそ》猫を噛む」というとおり、感情のぶつけ合いになり、交渉が泥沼化することが多い。

この「決裂」の翌日、私は組合代表に電話し、「前提なしの交渉なら喜んで応ずる」とフォローした。予想どおり、彼は交渉の再開に応じてきた。結局、組合も不良社員の解雇は認め、会社が少額の和解金を支払うことで事件は落着した。

弁護士も「人を見て法を説く」・プロファイリングは有効な手段

以前テレビで『プロファイラー　犯罪心理分析官』という連続ドラマをやっていて、私もときどき見ていた。結構、仕事の参考になるからである。

プロファイラー（profiler）とは犯罪現場の証拠をもとに犯人像を割り出す（profiling）職業をいう。女性の犯罪心理分析官サマンサ・ウォーターズが活躍する。プロファイリングにより、犯人の生活歴、職業、心的傾向などはかなり推測できる。ドラマでは、サマンサは証拠から犯罪場面を幻視する能力をもつ設定になっているが、興味深いのは、証拠から犯人を割り出す手法である。凶器が銃か、ナイフか、鉄パイプかでさえ犯人像を追う手がかりとなる。過去の多数の犯行現場と犯人のデータを集積し、分析すれば、犯人の特徴が浮かび上がるのである。

最近は、一見普通に見える人が起こす犯罪が多い。家庭には多くの訪問者が訪れる。保険の売り込み、新聞代金の集金、宗教の勧誘、宅配便の配達……。

瞬時に相手を読む習慣が役に立つ時代になった。相手が状況にふさわしくない外見をしていたり、通常のパターンからはずれる言動をしているときは要注意だ。用心深く身を引くに越したことはない。

私も仕事で他人と接する場合、人々のパターンを無意識にプロファイリングしていた。たとえば、同じ社長でも、たたき上げの創業社長と、サラリーマン社長では性格がまったく違う。創業社長は一般に、強引で人使いが荒いが、意気に感じて即断即決する。サラリーマン社長はスマートでそつないが、いざというとき決断ができない傾向がある。

弁護士も人の性格に合わせて対応し助言しないと、顧客を維持することはできない。私は長年の経験から、知らず知らず相手の性格を読んでいたのだが、プロファイリングという明確な方法をもっていれば、より大きな効果が得られたであろう。

2 「マイナスをもたらす人」との接し方

決定的な恨みを避ける法・弁護士業はストレスフル・ジョブ

この世には、さまざまな人がいる。

話し合っても絶対に理解し得ない人もいる。まともな話が通じない人もいる。ともに何かをするにはリスクの多い人もいる。

たとえばサイコパス（反社会性人格障害者）と呼ばれる人は、人間的感情に欠け、自己顕示欲が強く、衝動的行動に出るとされる。半面、口が達者で、ときには魅力的でさえある。このタイプはストレス耐性が極度に低く、合理的なバーゲニング（取引）は難しい。ただし、戦争中なら冷酷に敵を倒す勇敢な戦士となる。

異常ではないが、まともでもないといった人もいる。変人とか偏屈とか呼ばれがちなタイプだ。とにかく自信の塊で、扱いにくい。ただ、恐るべき信念と迫力があるので、それなりに人の上に立ち追随者を獲得することもある。

その他にも、山師《やまし》、詐欺師、虚言癖など、人間のタイプは実にさまざまだ。私の経験でいうと、ビジネス社会には、社会的適応の不全なタイプが一〇パーセントくらい存在する。

表面上がまっとうな人でも、心の内はわからない。他人への憎しみや、恨み、そねみ、妬みを心の底にもつ人は数多い。こういった「負の感情」は人間に先天的なもので、善良さなどは後天的なものにすぎないと思われてくる。

人間は、決して理性的な存在ではない。常に親切心や善意から行動するものでもない。他人への恨み、つらみ、嫉妬、羨望《せんぼう》、猜疑《さいぎ》心と自己愛こそ、人々の感情に深く根づいている。

だから、他人の決定的恨みは、できるだけ買わないように注意することが大切である。みずからの怒りを投げつければ、相手から同量、あるいはそれ以上の怒りが返ってくる。相手が表面上は感情を抑えていても、安心してはいけない。内面では激怒し、その怒りを忘れないことが多い。

弁護士は、ストレスの多い職業である。

私の顧客はほとんど多国籍企業である。それでも顧客先に、ときには、「電波に命令された」と称する人が受付に突然やってきたり、一日に何十回、何百回も商品クレームの電話をしてくる人がいたりする。顧客からそんな相談の電話を受け、現場に駆けつけることもある。

社会適応が不全なタイプを相手にするときは、即時に性格を見きわめ、慎重に対策をとるに越したことはない。交渉は早々に切り上げ、裁判で解決したほうがよい場合もある。

平気で汚い手を使うタイプにも注意を要する。書類を偽造されたり、盗聴されたり、無言電話などのいやがらせをされたりしてはたまらない。

「どこかおかしい」と感じたとき・木で鼻をくくった丁重さで接する

以前、東京のある弁護士が、顧客の男に刺身包丁で全身を十カ所以上刺されて死亡するという事件があった。

恨みからの犯行だった。その弁護士が事件の相手方に買収され、その結果、男は財産をすべて失ない、苦しい生活を強いられるようになったというのだ。

もちろん、弁護士が買収されたというのは被害妄想であった。

犯人は狂信性、偏執性をもつ人格障害者であり、内省に乏しく、自己中心的で、不快な体験に対する耐性が低く、他責性、攻撃性を帯びていたという。

これは他人ごとではない。一見普通の人が異常行動に走る。そういうケースがもっとも怖いのだ。

人の本性の底の底までを見抜くことは難しいかもしれない。だから、「どこかおかしい」とピンときたら、木で鼻をくった丁重さで接するのが賢明だ。手っとり早くいえば、慇懃《いんぎん》無礼である。

言葉や態度は、丁寧であること。ここが肝心である。相手をいたずらに刺激したり、自尊心を傷つけたりすることなしに、できるだけ距離を置いて接することである。不用意な批判は避ける。決して深入りはしない。

異常なネチっこさ、普通でない目の輝き、ぞっとするような表情……そういうシグナルに気がついたら、話を早々と切り上げるか、複数の担当者で接する。一対一でビジネスを進めると、ときに、とんでもない危険を背負う。

3 性悪説で見てこそ善も見えてくる

利害は善より悪を導く・小さなエゴのためでも人は争う

日本人は性善説が好きで、性悪説は評判が悪い。だが、単純に人の性は善か悪かを決めつけるのは間違いだ。人の行動のほとんどは、性善でも性悪でもないからである。

ただし、金銭的利害が絡んだり、権利が対立したりすると、人の性は急速に悪に傾きがちだ。たとえば会社を突然解雇されたら、昨夜までの上司との信頼関係など、簡単に敵対関係に変わってしまう。

こんな光景を見かけることはないだろうか。

ある朝の駅。始発電車を待って七〜八人が行列している。列の最後には、六十代とおぼしき男性と、五十代と見られる女性。やがて電車が来て扉が開き、席はあっという間に埋まっていく。最後尾の六十代男性と五十代女性は、残った一席を争い始める。男性が勝ったかに見えたが、女性が強引に尻から座り込む。はじかれた男性は、向かい側の席に突進。満席に無理に割り込もうと、座っていた女子高校生の膝に腰を下ろさんばかりの動作だ。高校生は、たまらず立ち上がり、逃げるように去っていく。

周囲の人はあきれ顔だが、当人たちは知らん顔である。六十代の男性は、ネクタイ姿で白髪をきちんと手入れしたサラリーマン風。涼しい顔で本を読み出した。五十代の女性はブランドもののバッグを膝に置き、さっそく眠り始めた。

外見からは、二人とも普通の善良な市民である。だが、座席に座るという小さな利益のために、人はこれほどエゴむき出しの争いをする。一本後の始発を待つとか、今日はやむを得ず立って行くとか、そのようなオプションを考える余裕もない。

小さな「性悪」は限りなく存在する。

駅で宣伝ティッシュを配る若い女性が、二つ、三つをまとめて渡す。セールスマンが、得意先に行くと称してサウナでさぼる。管理職が、私用のコーヒー代、タクシー代を、目立たないように会社に請求する。小さなごまかしは、どこにでも見られる。大きな利害の絡む時は、人はもっとエゴを貫くだろう。

それが人間の本性ではないか。

悪人が善人を駆逐する ・世は悪徳商法のオンパレード

詐欺や悪徳商法は相変わらず引きも切らない。

平成二十六年の「振り込め詐欺」の被害は、九月末現在で七七五一件、被害総額二五六億円余りにのぼっている。その他、霊感商法、利殖商法、催眠商法、マルチ商法、点検商法、士《さむらい》商法（資格商法）、内職商法など、警視庁のホームページを見れば、いかに犯罪が多いか驚き、性悪説に思いをいたすことになる。

たとえば霊感商法は、「運勢が悪い」とか、「先祖（水子）のたたりだ」とかのおどろおどろしい話で人を不安に陥れ、市価の数十倍からときには百倍以上の価格で商品を売りつける。

六十五歳の女性のところに、販売員が「印相を見てあげる」と訪れ、「印相がよくないので、あなたの運勢も悪い。この印鑑を購入すれば救われる」と印鑑セットを勧める。女性は二十万円で購入させられた。

後日、同じ販売員が訪ねてきて、「偉い先生のお話があるから聞いたほうがよい」と車に乗せ、事務所のようなところへ連れて行く。女性は、多宝塔や壺の霊力や、購入して幸せになった人のビデオを見せられ、先生から「あなたの先祖に殺傷や色情などの悪業の因縁があり、それがあなたの家系に続いている」「先祖の因縁により家族が早死にする」などと脅かされ、「悪い因縁を断ち、家族が救われるためには出家して供養しなければならない。それができなければ財産を捧げる必要がある。この商品を買えば霊が救われる」と勧誘され、大理石の壺を百五十万円で買わされた。(『消費者相談マニュアル』東京弁護士会より)

人の悩みや不幸に乗じて、高価な商品を言葉巧みに売り込む手口である。

こういう霊感商法も、ちょっと考えれば、おかしいことがわかるだろう。よい印鑑か悪い印鑑かをどう判断するのか？　判断するのは誰か？　印鑑がいつ、どのように作用して幸運をもたらすのか？

悪徳商法は、人を疑わない人、人を疑いたくない人、人を信じたい人など、善良な人を餌食にする。

「とりあえず用心する」ことの大切さ・世を渡る武器としての性悪説

イタリアの政治思想家マキャベリは、人間の本性はいつの時代も変わることはないと見ていた。君主が臣民を統治するには、恐怖を与える必要があり、残忍な行為も有用であると主張した。

人間はよこしまなものであり、自由に振る舞う条件が整うと、すぐさま本来の邪悪な性格を発揮する隙をうかがうようになるということである。

　そもそも人間は、恩知らずで、むら気で、偽善者で、厚かましく、身の危険は避けようとし、物欲には目のないものである。（『マキアヴェリ　人と思想』西村貞

二 清水書院）

有能な君主であるためには、道徳も信義も捨てなければならないとマキャベリはいう。この観察を現代の社会や政治、企業経営にあてはめると、妙な生々しさがある。赤裸々に人間を記述したマキャベリは、権謀術数家、冷たい合理主義者、目的のためには手段を選ばぬ打算家として批判された。だが、彼はものごとの本質を見る方法を、議論に求めず、観察に求めたにすぎない。

彼には、当時の混乱したイタリアの政治状況を先入観なく観察する知的鋭敏さがあった。彼はデータから一般規則を抽出する抜群の才能を示したのである。

自己と他者は対立する存在である。

なぜ対立するか？　利害が異なるからである。人は利害打算によって動く、時代が変わり、社会通念が変わっても、人間の本性は変わらない。利害打算である。

だからこそ、会社の破産、合併、社内の勢力争いなど、人が異なり事件が違っても、紛争の将来を読むことができる。

人間という複雑な存在を、性悪か性善かを二者択一で問うのは間違いだが、あえてどちらをとるかといわれれば、私は性悪説に組みする。より正確にいえば、「人間の本性を性善と見るよりは、性悪と考えて行動することが処世上必要である」と思っている。無防備でいては、あるいは善意だけでは、この世は渡っていけない。疑うべき人を疑わないのは、実に愚かなことである。見知らぬ他人は、とりあえず用心に用心を重ねて接したほう安全である。

4 「軽い違和感」を軽視するな

しぐさは言葉より雄弁に本心を語る・ボディ・ランゲージが心の状態を表わす

人を読むポイントは何か。私の経験から簡単にふれてみよう。

①非言語的動作

初対面の相手は、まずざっと表情、身ぶり、顔つきなど全体の雰囲気を見る。自然体を装い、さりげなく相手を観察する。これだけで相手の大体の傾向はわかる。

顔つきが柔和だったり、気さくな態度、穏和な目などであれば、穏やかな人柄であることがわかる。

逆に目がすわっていたり、つっけんどんな態度、陰険な顔つきだったりなら、狭量で自己中心的な人だろうと想像がつく。

これらの非言語的動作は、人を読む重要なポイントである。

人は言葉では簡単に嘘をつく存在だ。虚実とりまぜた詐欺師の話には、弁護士もだまされてしまう。むしろ、目の動き、息づかい、声の抑揚などの非言語的動作のほうが、コントロールしにくいだけに、正確にその人の心情を表わす。

とくに、目はその人の精神をもっとも如実に表わす。目こそ人を読む最大のポイントである。

目の表情を具体的に分析するのは難しいが、感覚的にはキョロキョロ、ギラギラ、ドロンとした目をしている人は問題が多い。その人の現在の状況、性格、意志の強弱、心の安定度を示しているからである。

②もちもの

服装、時計、ブレスレット、髪型、メガネ、ヒゲの有無などからも、多くの情報を得ることができる。

たとえば同じ経営者でも、百万円もするブランド品の時計をしていれば、甘やかされて育った二代目だろう。苦労して現在を築き上げた経営者かどうかは、額のシワ、眼光の鋭さ、口元の締まりなどで読み取れる。

③話し方

話す内容より、声の調子、言葉づかいなどに注意するとよい。話し中に頻繁に咳払いをしたり、神経質そうに目を瞬いたり、こわばったつくり笑いを浮かべるのは、緊張しているか隠しごとをしている。

声の調子、たとえば声の大きさ、速さ、抑揚などからも人の感情を推測することができる。ため息をついたり、消え入るようなか細い声で話したり、ゆっくり話したり、手短に話すなど、話し方は内面の感情を反映する。汚い言葉や激しい言葉づかいは、同様の心理を表わしているだろう。

私の観察がすべて正しいとは限らないが、相手の一応の傾向は読めるものである。

直観で判断するのは悪いことではない・一言半句で人を読む

だいぶ以前、ドイツに住むアメリカ人弁護士G氏と会った。アメリカの弁護士資格と違い、当時ドイツの弁護士資格を取るのは非常に難しかった。彼は苦労してドイツの弁護士資格を取り、ドイツの大企業で仕事をしていた。

初対面のとき、私は不用意に「こんにちは、ミスターG」と挨拶した。

彼は私より二回りも年下だったが、私が「ミスター」といったのが気にさわったらしい。言葉に敏感に反応し「ドクターのGです」と自己紹介をする。

国際ビジネスで「ミスター」も「ドクター」も目くじらを立てるほどのことはないだろうと腹の底で思ったが、もちろん私は「ドクターG」といい直した。

彼の何気ない一言で「彼は今まで幸せな人生を送ってこなかったのだろう」と私は直観した。彼はガラスの自尊心をもっているのだろう。

自足していない人物と接する際は、注意深くなければならない。自尊心が簡単に壊れるからである。相手の小さな「間違い」を気にする人は、実は本人の精神が不安定なのである。

自分を「先生」と呼ばないからといってつむじを曲げる政治家や弁護士がいるが、こんな人は本人のひ弱な精神こそが問題である。

G氏は顧客企業の社内弁護士で、今後長いつき合いが予想されるので、私は彼との関係維持には細心の注意を払った。

後年、私の直観は間違っていないことがわかった。私生活上の愚かなトラブルに巻き込まれ、G氏は社内弁護士の地位を追われ、その後は厳しい人生を送っているという噂を聞いた。

ミスターとドクター。一言半句でも人となりは読めるものである。

5 うわべでなく「本性」に対処するために

観察をやめたとき誤認が始まる・人の本性は隠れる

いくら人を観察しても、ちょっとしたつき合いでは、人の本性はわからないものである。何度か仕事をし、相手になった人でも、後に思いがけない本性が見えてくることがあるから、人を観察し続けなければならない。

以下は、私の出会った人々の例である。

Aさんはある企業の執行役員である。難関大学を卒業し、外資系企業数社に勤めており、言語明晰、英語もうまく、ビジネスマンとしてはきわめて有能に思えた。質問にも即座に明確な答えが返ってくる。しかし、次第に、彼が単なる「粗雑なエリート」にすぎないことが見て取れるようになった。

注意して聞いていると、表面的には上司によい顔をしながら、裏では上司をこき下ろす。Aさんにとって、部下はすべて愚かな木偶《でく》の坊にすぎない。

Aさんは、他人にも赤い血が流れていることを、理解しない。彼は他者に対する共感をまったく欠き、人を単なる記号としか見ていないのであった。

Bさんは有名企業の部長として活躍していた。体格がよく、人柄もよく、ものごとの判断もよく、バランスのとれた感覚の持ち主と当初は見えた。だが、子会社の立て直しにあたって、決断ができず、部下からの改革案を棚ざらしにし先送りする。明るく大柄で、一見大物に見えたが、いざというときにリストラができず、子会社は結局破産してしまった。

Bさんのために、多くの従業員が路頭に迷う羽目になった。部下にやさしいのではなく、優柔不断な男にすぎなかったのである。

Ｃさんはキャリアの女性裁判官である。女性裁判官には綿密な仕事をする人が多い。Ｃさんについても、きちんとした訴訟指揮をしてくれるものとはじめは期待していた。しかし、一年で終わる簡単な事件なのに、ダラダラと訴訟は続く。私が以前提出した準備書面を、明らかに読んでいない。的はずれの質問を何度もくり返す。あまりにおかしいので先輩に評判を聞いてみると、どうやら手抜き常習で有名らしいのだった。

その事件は、Ｃさんには小さいルーチン事件だろうが、私や顧客にとっては重いものである。仕事への心構えという点で、まったく期待はずれの裁判官であった。

いずれの場合も、これらの人の本性を早く見ていれば、それなりの対策がとれたのだが、私にも思い込みがあり、人の本性になかなか気づかなかった。それで私の対応がワンテンポもツーテンポも遅れてしまった。人の本性を読むのは難しいものである。

社長室の豪華さと会社の将来性は反比例する・「自慢する経営者」は要注意

私の見るところ、どんな職業の人でも二割は優秀、六割は平均的、二割は落第点である。

ファンドマネジャーの藤野英人氏が「社長室の豪華さと会社の将来性は反比例する」と指摘している(『トップファンドマネージャーの明解投資戦略』藤野英人　ビジネス社)。

実は、これらの指摘は、弁護士が人を読むときの基準とも重なる。藤野氏の指摘に、私流の要注意の経営者を読むポイントを加えてみた。

①政治家、芸能人、有名人との交際を自慢する。一緒に撮った写真を飾る
②業界団体などのやたら肩書きの多い名刺を配る
③金ピカの時計をしている。ブランド品のオンパレードのような服装
④社長室に剥製《はくせい》、高級酒、ゴルフコンペのトロフィーを飾る
⑤受付に美人ばかりそろえ、自慢する

⑥中年すぎても真っ赤なスポーツカーに乗っている
⑦夢とビジョンを語るが、話に具体性がない

こういう人はしばしば劣等感が強く、自己顕示欲が強烈である。自信がないから装飾物で飾り立てるのだ。いざというとき人を人とも思わない対応をとりがちだから、距離をとって接すること。無防備につき合うと、トラブルに巻き込まれる可能性が大きい。

6 ツキのない人は遠ざけよ

不運な人はあなたの運まで奪う・「事故体質」の人は他人の批判がうまい

利害打算で動くのが人の世のならいだが、その「利」にきわめて縁の薄い人がいる。いわゆる「ツキのない人」だ。私の経験からいうと、こういう人は、まわりの人のツキを奪ってしまうことが多い。

また、ツキのない人には共通する特徴がある。それは心が対象に固着してしまい、変化にサッと対応できないことである。

ツキのない人の中でも、「よく問題を起こす人」は、とくに要注意だ。しばしば知人、同僚、家族、兄弟と争う。また、よく事故にあう。このような事故体質の人は敬して遠ざけなければ自分が痛い目にあうかもしれない。

ある知人は、オートバイ事故、女性とのトラブル、自動車追突事故、離婚と、この二十年に次々に事件に巻き込まれている。そのたびに、「弁護士を紹介してくれ」という。だが、紹介した弁護士とうまくいかない。「熱心にやってくれない」と、次々と弁護士を替える。

多少は名の売れたジャーナリストなので、批判の舌鋒《ぜっぽう》は鋭い。彼の話では、悪いのはいつも交通事故の相手、相手の女性であり、元の妻である。独特の正義観をもっていて、相手の言い分を聞く耳をもたない。「プライドが許さない」とか、「世間に自分が正しいことを示さなければ」と、裁判で戦うという。だが、私にいわせれば、誰も彼の裁判などには興味をもっていない。

彼は自分が不運だという。だが、そうではなく、彼は事故体質なのである。交通事故だって、追突した彼が悪いのが常識だ。彼はそれすら認めない。「ひどい女」に引っかかったというが、四十歳すぎてそんな女に引っかかる自分を反省すべきだろう。

彼は自己中心で他者が見えないのである。自分と他者との関係が見えず、自分が世界の中心にいる。もちろん自分ではそれがわからない。これでは話し合いでまとまるわけはない。不毛の戦いが続くだけである。

本当は、私が彼の問題を指摘すればいいのだが、彼は私を憎むに決まっている。だから私も忠告しない。彼はこの十年、次々と負け戦の裁判を戦っている。そして「裁判官は堕落している」と、裁判官を批判している。

「裏切られる人」には理由がある・コアの固い人は側近に裏切られる

ある種の創業者タイプには、自己の観念に従って現実を独自に解釈する人々がいる。

彼らは自分のコアが強すぎて、独立の他者の存在を認めることが不得手である。自分の主観に合わせ、現実をデフォルメして解釈する。固い閾《いき》（しきい）のようなものがあり、自分以外のことに鈍感である。自分の世界が唯一の正しい世界で、それと違ったことは、たとえ現実でも認めない。

彼らは、それがリーダーの指導力だと思っている。したがって、彼らのものの見方を変えようとしてもむだである。

知的訓練の欠けた人に多いタイプで、次のような特徴がある。

①思い込みが激しく、既成概念にとらわれる
たとえば「ユダヤ人はこうである」「ドイツ人はこうである」などと決めつける。思い込みに反する事実があっても、自分の思考を修正できない。

②自分に対する過大評価が著しい
たとえば「自分のアイディアには三十億円の価値がある」などと、現実を無視した思考に凝り固まっている。

③問題があると、常に他人のせいにする
たとえば「銀行が悪い」「取引先がえげつない」「部下が裏切った」など。

このタイプには、人間関係は自分が考えるよりははるかに奥深く複雑であることがわからない。

何より特徴的なのは、自己の保身や利害からしかものごとを見ることができないことである。だから、一時はビジネスがうまくいっても、融通無碍《ゆうずうむげ》、柔軟に自分の考えを対応させていくことができない。やがて古くからの側近や部下は離れていく。

彼にとっては、面倒を見てきた自分を裏切った側近が悪いのである。側近が彼の酷使に耐えかねたことは、全然理解していない。

自己中心だから不平が多いのだ・不平家、不満家に運はやってこない

職場、家庭を問わず、いつも不満ばかりいっている人がいる。

たとえば、自分はよく遅刻し、いい加減な仕事しかしていないのに、他人には完全を要求する。常に不満の矢を他人に向けて、上司や同僚をあしざまに批判する。多少の不満など飲み込んでしまわないと、快適な人生を送ることは不可能である。だが本人はそのことに気がつかない。

このような不満家、不平家に青い鳥は決して訪れない。

世の中にはいつも文句の種を探している人間がいる。こういう人には少しも喜びがない。周囲の人々がこのような人を尊敬しないのは当然であり、そういう人は木の葉と同様風に吹き飛ばされてしまう。（アラン）

不平家、不満家とのつき合いは、できるだけ避けなければならない。このような人は自尊心ばかり高く、ささいなことにすぐ感情を害する。彼は暗黙のうちに「自分は世間から認められるべきだ」という過大な自尊心をもっていて、世間がそのとおり自分を扱ってくれないから不満なのである。自分を棚上げし、「国が悪い」「会社が悪い」「他人が悪い」という。

社会という大きなシステムの中では、人は小さな歯車にすぎない。愚痴、不平、不満、陰口の種はどこにでも転がっている。そのことを自覚せず、他人を批判ばかりする人は、自分自身にこそ問題がある。このタイプの人のエネルギーは他者の批判に向かい、自分の内面には決して向かわない。

繊細ぶったエゴイストは危険である。彼らは決して自分が悪いとは認めない。針で刺したような小さな傷でもあれば、彼らはそれに炎症を起こさせ、悪化させる。彼らはあらゆる人々に向かって愚痴をこぼし、不平をいい、泣き言をいう。このような人間に決してごまかされてはならないし、つき合ってもならない。

（ボナール）

「不満をいう代わりに、みずからを磨け」

これこそ私が経験から学んだ貴重なノウ・ハウである。過去と他人は変えられない。だが、自分と未来は変えられる。

不平家は、自分に問題があるとは決して思わず、逆に繊細な感受性をもった人間であると考えている。他者感覚がないことおびただしい。

このような疫病神からはできるだけ身を遠ざけなければならない。自分では「私は不運だ」と嘆くが、運がないのではなく運を捨てているのである。こういう人が成功することは、めったにない。

「いい人」とどうつき合うべきか・「性格のよい人」に大仕事は任せられない

三十代のイギリス人の弁護士とロンドンのパブで飲んでいたときのことだ。

酔いが少々回ってきたらしく、彼は昔の失敗を私に語った。

「損害賠償事件で被告の代理をしていたが、時効の主張をするのを忘れて、負けてしまったことがある……」と。

この彼を、「フレンドリーで率直な人柄」だと評すべきであろうか。あるいは、未熟な人間だととらえるべきであろうか。

一概に時効といっても、期間の違う各種の時効があり、その起算点についても不明確なことが多いから、時効の主張はベテランでさえつい忘れがちである。だが、時効を忘れるというのは、プロとしてはやはり失格である。

また、それほど親しくもない私に、自分のミスをあっけらかんと話すのは、あまりに無防備である。彼と話していて、私は「とても彼には仕事を頼めない」と思った。人柄はよいが、ものごとのツメが甘く、綿密な仕事には向いていないだろう。

いつも他人を警戒する必要はないが、たまたま知り合ったとはいえ同業の弁護士に対し、自分の失敗をあえて話す必要はないのである。

世の中には、複雑なことがらを考えることが苦手な人がいる。こういう人は、ものごとを単純に考えることしかできない。ものごとを詳細に考え、細部をつめて考えることができない。他人の意見を丸飲みしたり、自分の仕事を部下に丸投げする。

現実の複雑さに対する意識が欠落しているから、現実に対し適切に対処することができず、長い目で見ると何事もうまくいかない。

案の定というか、彼は、その後ロンドンの法律事務所を転々とし、いまではほそぼそと個人事務所で家事事件を扱っている。

7 人間関係の「最適距離」の決め方

人をどう「選別」するか・信頼のネットワークを築く

弁護士という職業は、さまざまな専門家との協力を必要とする。各国の弁護士、公認会計士、弁理士、医師、大学教授、システムエンジニア、司法書士、税理士、不動産鑑定士、技術士、筆跡鑑定家、興信所、翻訳家、ガードマンなど、多種多様である。

専門家といっても、仕事の対応、才能、人柄の三拍子のそろった人はまれだ。だから、信頼のネットワークを築く必要がある。

日頃接する人でも、仕事のできる人とできない人、人柄のよい人と悪い人などを考え、これと思った人はリスト・アップし、自分なりのネットワークをつくる。ネットワークは絶えず手入れすることが大切だ。よい人は加え、ダメな人ははずす。

私は、家庭医の先生、歯医者の先生とのつき合いは三十年近くになる。地元のタクシーを頼むときは、愛想のよい特定の人を指名する。家のトイレが故障したとき、近くの工事店が修理にきた。仕事ぶりが丁寧なので名前をメモしておいた。

このように好ましい人の名前はメモしておき、次回に役立てる。日常生活のあらゆる面で、信頼できる人のネットワークをつくるよう心がける。

性格は悪くても仕事ができればよい
・モンテーニュの機能的つき合い

信頼できる人といっても、全人的なつき合いをするわけではない。お互い忙しいし、そんな時間もない。あくまで、こちらが必要とするサービスを提供してもらうという限りでのつき合いである。いわばモンテーニュ流のつき合いである。

モンテーニュは、日々つき合う人が、その職分を果たしてさえいれば、個人の性格や内面は問わなかった。逆にいえば、日々のつき合いに必要な以上の個人的な交際をもたなかった。浅い交際がふさわしい人々とは、それを越えた深いつき合いをしなかった。

つき合いの極意について、モンテーニュはこう語っている。

ただある一点によって成り立つ交誼《こうぎ》においては、特にその一点を危うくしそうな不完全な点を補ってゆけばよい。私の医者や弁護士はどんな宗派に属していようと、それはどうでもよいことだ。

また、私の召使たちと私との間に生ずる主従のよしみについても、同様に考える。だから下男については、私は彼が純潔であるかどうかをあまり問わない。ただ勤勉であるかどうかを問う。驢馬《ろば》引きは博打うちでもかまわない。馬鹿でなければよい。料理人は強情でもかまわぬ。腕さえあればよいのだ。

テーブルを賑わすためには、考え深い人でなしにおもしろい人を招く。寝床には善い心根よりも美しい肉体を迎える。議論の仲間には才能ある人を選ぶ。必ずしも廉潔の士でなくともよい。(『随想録』〔上、下〕モンテーニュ　関根秀雄訳　新潮社)

モンテーニュのこの直截《ちょくせつ》的ない い方には、鼻白む思いをする人が多いだろう。

私も、さすがにこのようなつき合いは躊躇《ちゅうちょ》する。部下に、「性格は悪くても仕事さえできればよい」と言う上司はいない。恋人に「肉体的魅力があればよく、精神的な結びつきは求めない」と言う男は確実に嫌われるだろう。

だが、彼のいい回しに抵抗を覚えつつも、「なるほど」と思うのは、たしかに現実の人間関係を深くうがっているからである。

家庭医も歯医者も、私の過去三十年の健康状態をよく把握している。診察を受けるときは冗談を交わす間柄だが、彼らと深い交際をしているわけではない。技術を買い、愛想のよさを買っているだけなのだ。それでも長いよい関係が続いている。

十年、二十年と長いつき合いの顧客が、私を見る目も同じだろう。弁護士は迅速に、よい仕事を、仕事に見合った価格で提供してくれればよい……。

「交際の長さ」と「能力の評価」のバランス

・ふだん着だがシビアな人間関係

私たちの仕事は常に多額の金銭が絡んでいるから、担当弁護士の才覚いかんで重大な結果を招く。

外国の事務所に仕事を依頼する場合、私たちは事務所より、担当する弁護士個人を重視する。とくに巨大ファーム（事務所）の弁護士の質は玉石混交だから、個人的に信頼できないと依頼はできない。ふだんからつき合いのある、いわばふだん着の人間関係がある弁護士でないと、不安である。

たとえば顧客の日本企業がクアラルンプールで紛争に巻き込まれたとき、以前にパーティーで知り合ったにすぎないマレーシアの弁護士に仕事を頼むわけにはいかない。私の顧客のために迅速に、よい仕事を、適正な料金でしてくれる弁護士でなければ困る。

そのためには、日頃から弁護士の人となりをよく知っていることが大切である。

顧客がイギリスの企業相手に契約の交渉をする。私がイギリス人の弁護士を個人的に知っていなければ、ロンドンへ電話をかけ英国法について質問するわけにはいかない。よく知ってるからこそ気軽に電話できる。仕事を頼んでも、若手の弁護士に任せきりでなく、彼自身が面倒を見てくれる。

そういう安心感がある。

実際の仕事ぶりを見ないと弁護士の能力はわからないが、会議や食事や夜の懇親パーティで親しくつき合えば、大体の感じはつかめてくる。

軽薄な人物であれば、事件処理もいいかげんだろう。顧客が少ない弁護士は、やはりそれだけの実力しかないに違いない。金に汚い弁護士は報酬をふっかけるかもしれない。紳士然としていても、酒が入るとレストランでウエイトレスにちょっかいを出す弁護士もいる。品性が弁護士業に直接影響するわけではないが、彼がその程度の人間であることは知っておくことに越したことはない。

ふだん着の友人関係といっても、しょせんビジネス上のつき合いである。自分の顧客の仕事を任せたとき、適切に処理できる人物かどうかを冷めた目で見なければならない。

もちろん私だけが一方的に彼らを評価しているわけではない。彼らも私を評価している。長いつき合いだからといって、互いを見る目が甘いわけでは決してない。仕事が甘くなると、「あいつも最近は年をとった」とすぐ噂になる。それぐらいは当然のことだ。

人を見るシビアな目のない弁護士は、弁護士としては三流である。

人を自分に同調させようとするな・性の合わない人ともつき合うのが教養

他人の内奥は実に測りにくく、うかがいしれない。だからといって、人との交わりにあまりに及び腰になっては、仕事など一つも前に進んでいかない。

幸運も不運も「人を介してやってくる」のである。人を用心し、警戒し、不信の念で見るだけでは、自分の世界は広がらず、まして仕事を発展させることはできない。

性格的に自分と合わなくても、よい仕事をする人々とはつき合うことが大切である。そうすれば自分とタイプの違う人とも、やがて自在につき合えるようになる。

文豪ゲーテは、弟子のエッカーマンに、「自分の性に合わない人とつき合って、うまくやっていけないなら、教養というものは何のためにあるのかね」と諭している。

他人を自分に同調させようなどと望むのは、そもそも馬鹿げた話だよ。私は、そんなことをした覚えはない。私は、人間というものを、自立的な個人としてのみ、いつも見てきた。そういう個人を探求し、その独自性を知ろうと努力してきたが、それ以外の同情を彼らから得ようなどとは、まるっきり望んでもみなかった。だから、現在では、どんな人間ともつき合うことができるようになったわけだが、またそれによってのみ、はじめて多種多様な性格を知ることもできたし、人生に必要な能力を身につけることもできたのだ。性に合わない人たちとつき合ってこそ、うまくやっていくために自制しなければならないし、それを通して、私たちの心の中にあるいろいろ違った側面が刺激されて、発展し、完成するのであって、やがて、誰とぶつかってもびくともしないようになるわけだ。（『ゲーテとの対話』エッカーマン　山下肇訳　岩波文庫）

第6章

「賢い人生習慣」をつける

仕事で得た知識や技術で人生を豊かにする。
豊かな人生から仕事の知恵を得る。幸福は循環するのだ。
黙々と着々と自分を練っていけ。

1 自分の幅を広げる仕事術と狭める仕事術

「人生は多くを約束しない」・仕事は人生の一部分にすぎない

俳優のグレゴリー・ペックは、生前「人生で大切なものは、名声でも仕事でもなく、家族である」と語っていた。

彼は『ローマの休日』『白鯨』『大いなる西部』などで主演し、『アラバマ物語』でアカデミー主演男優賞を受賞、良心派の俳優として名高い。映画業界でも人望が高く、映画芸術科学アカデミー会長など要職をつとめた。多忙なはずである。だが、家族と共にいる快適さ、幸せが彼の人生にとっての大事だった。

彼は、日々の仕事や生活にもこの考えを貫いた。人生の大事を守るためには、他人との摩擦も意に介さなかった。

悲惨な話がある。

大きな海外不動産案件の処理で、数年間一緒に働き、親しくなった部長がいる。四十代の半ばに、健康診断で高コレステロール、高血糖値、高血圧といわれたが、暴飲暴食を続けた。明らかに過労、飲みすぎ、遊びすぎだった。

私のほうが年上なので、それとなく仕事の仕方、生き方を助言したが、「私は太く短く生きるつもりですから」とカラカラ笑って、私の言葉を真剣に受け取らない。だが、数年後、滞在中の香港で脳溢血で倒れた。帰国したが、もちろん会社も退職となった。以来、五十代以降を寝たきりで送っているという。家族は大変だろう。太く短く生きる、とは一見男らしいが、現実には悲惨な人生が待っていた。

「明日のために労する」か「今を楽しむ」か

・ショーペンハウアーの悲観

三十代の頃、哲学者ショーペンハウアーの言葉に考えさせられたことがある。

「若いときに輝かしく見えた人生も、老年に至れば結局は失望の連続であることがわかる」というのである。彼の考えを要約すると、以下のとおり（『自殺について』ショ

ーペンハウアー　石井正訳　参照）。

人生はあらゆる面で失望であり、虚無であり、欺瞞《ぎまん》である。人は喜びにあふれた青年期を経て、苦労の多い壮年期が続き、やがて難渋極まる老年期に入り、最後には病に冒され死との闘いが待つばかりである。このように見てくると、この世に生を享《う》けたことは間違いであることがいよいよはっきりと現われてくる。

あれほど美しく思えた人生、多くのものを約束しているように見えた人生だが、結局はほんのわずかなものしか得られなかった。こんな人生を顧みれば、人生は悉《ことごと》く失望に塗りつぶされているのを知るであろう。それは一つの幻滅であることがわかるであろう。

世間を見回してもとくに羨むような人は一人もいないし、かえって哀れな人ばかりが無数にいる。人の一生はまさに死ぬまで働くよう定められた刑罰である。

折り紙つきの悲観主義者であるショーペンハウアーの言い分を真剣に受け取ったわ

けではないが、これらの言葉はずっと私の心の底によどんでいた。仮に人生が彼のいうようなものだとしたら、これからの生き方をよくよく考えなければならない。

夢中な青年期
多忙な中年期
わびしき老年期

これがどうやら人生の真実らしい。こうして漠然とではあったが、私は「人生の海図」らしきものを知ることができた。

「健康」と「余暇」と「富」とを兼ね備えることはできない相談である。

青年時代にはあり余る健康と余暇があっても、富はない。

壮年時代はそこそこの健康と富はあっても、余暇がない。

老年時代は多少の富と余暇があっても、健康に見放されてしまう。

まことに、一生懸命な青年期の次に来るのは多忙な壮年期であり、その果てには、わびしき老年期が待っている。これが人生の構図である。

将来にも備えて研鑽に励むが、同時に現在を楽しむ、そんな生き方が好ましい。

よくよくものごとを考えて生きないと、失望に塗りつぶされた老年を送ることになるかもしれない。それを避けるためには、仕事に怠惰であってはならないが、働きすぎてもいけない。そう私は考えた。

仕事と私生活のバランスをとることが何よりも大切である。とくに若いうちは、体力を過信してつい働きすぎるので、仕事を理性でセーブしなければならない。

こんな生き方が「時間をストレスにする」・六分間刻みの時間に追われた半生

国際弁護士は六分間刻みで業務日誌（タイム・シート）をつけるのが慣行である。

タイム・シートには、仕事の内容と費やした時間を、顧客別、日付別に記録する。

一時間を一・〇とし、十等分して、六分間単位で記録をつける。

六分間以内の仕事は〇・一とする。十二分間以内は〇・二、十八分間以内は〇・三となる。

時間報酬が一時間二万円の弁護士の場合、六分間あたりの報酬は二千円となる。顧客から電話相談があった場合、六分間以内であれば二千円、十二分間以内であれば四千円である。

新人の頃、私は国際弁護士の仕事の密度の濃さに愕然としたものだった。

サラリーマン時代は、エスケープと称して他部署へ行き、同期入社の仲間とダベることもできた。だが、弁護士になってからは、そんな余裕はない。朝から晩まで六分間刻みの時間に追われている。サラリーマン時代と比べ、仕事の密度は少なくとも三倍以上ある。

欧米の慣行に合わせ、私たちもやむなくタイム・チャージを採用しているが、一面ではこれほど非人間的なシステムはない。

会議でも、出張でも、通勤電車でも、仕事をするときは常に時間を気にしている。自宅にも数枚のタイム・シートを常備しているし、休暇でハワイに行くときも念のためタイム・シートをもっていく。

いつも「時間」という見えないストレスにさらされ続けているのである。国際弁護士は六分間刻みの時間に追われ、緊張につぐ緊張の日々を送る。

若い弁護士だと、一カ月にビラブルアワー（顧客の仕事に費やす実働時間）二百時間程度働くのも珍しくない。

最近、三十代の弁護士から、年間三千時間も働いていると聞き、さすがに驚いた。土曜、日曜も含め、毎日早朝から深夜まで働かなければ達成できない時間である。月に数度は事務所付近のホテル泊まりだろう。

これは異常である。若者が恋愛をする暇もなく、バカ騒ぎもせず、仕事一筋に生きて、虚しさや徒労感を感じるゆとりすらない。食事時間も不規則だし、運動する暇もなく、ストレスは果てしない。若手弁護士でさえ、うつ、糖尿病、不眠、アレルギー、過食、心身症などの予備軍である。

こんなことで、人生という途方もないものにどう対処するのか。そんなことを考えることもなく、ただ目の前の仕事という刺激に反応し続けているだけではないか。

たしかに「大きな仕事をしている」という充実感があり、自尊心は満たされ、若くして、ときには一流企業の役員クラス並の収入を得るのだから、激しく働くのは当たり前かもしれない。

しかし、失なうものも予想外に大きい。

「忙しい」と「貧しい」の相関関係・弁護士は激しく働き貧しく死ぬ

弁護士は忙しい。

やれ新しい顧客の事件だとか、やれ緊急の仮処分申請だとか、やれ大型のM＆A（企業の買収、合併）案件だとか、連日連夜、仕事に明け暮れる。

そんな仕事漬けの生活が三カ月、六カ月と続いたら、確実に「心身症」になる。胃潰瘍《かいよう》、高血圧、潰瘍性大腸炎などだ。

かといって、仕事の手を抜くことはできない。「現実」の磁力はもっとも強く、「まじめな人」や「できる人」に作用する。いや、現実に一喜一憂して対応するからこそ「できる人」なのである。

「弁護士は激しく働き、貧しく死ぬ」

と、アメリカ人の弁護士から教えられた。

貧しく死ぬ、というが、それは貧しく生きた結果だろう。

六分間刻みの業務日誌に追われ、多忙のうちに青年時代、壮年時代を過ごす。朝、昼、夜の三食をコンビニ食ですませる。つき合いは仕事がらみの人、つまりは利害打算が絡むつき合いがほとんどだ。

家庭では子どもと顔を合わせることも少なく、たまに早く帰って息子と顔を合わせれば、「おじさん遊ぼう」といわれ愕然とする。

それでも反省は一時的である。すぐに元の木阿弥の超多忙な生活に戻ってしまう。

こうして老年に至る前に燃え尽きる。燃え尽きないとしても、無味乾燥な老年時代を迎えるだけだ。趣味もこれといってない。ただただ盲目的に生きているだけである。

2　限られた時間をどう賢く使うか

「自分」を確保する技術・人生は些事と雑事まみれ

それでも、弁護士になってからの三十年間、私は仕事で徹夜したことは一度もない。

もっとも忙しい四十代でも、夜の十一時を越えて仕事をすることは、年に二～三回にすぎなかった。五十代になってからは、夜の八時を越えて仕事することはめったになくなった。

こういうと、同業の仲間は「昔はそれでもやっていけたが、いまはそういう時代ではない」という。

だが、そうではない。昔もそれではやっていけなかったが、私は無理を押し通した。昔もいまも将来も、人々は変わりなく忙しいものである。

私の見るところ、多くの人は雑事の抱え込みすぎか、仕事のやりすぎである。

人生の九九パーセントは些事と雑事からなるらしい。この年になって改めて感じるのは、徹底的に雑事を排除する意志がないと、それは幾何級数的に増えるということだ。

友人や知人とのつき合い、顧客からの接待、業界の会合なども、ただ流れに任せて受けていると際限がない。趣味のために費やす時間ですら、それが自分にとってどのような意味をもつかをよくよく吟味しないと、時間のむだ使いに終わる。

仕事というものも、際限がない。

忙しい人に限って仕事は何でも引き受ける。「自分にできることには限界がある」と割り切って、新しい顧客の仕事を断わればよいものを、つい引き受けてしまう。新しい顧客の仕事を断わるのは躊躇される。だが、もう充分に忙しいときに、新しい仕事を引き受けることなど、私から見れば、自分を過信しているとしか思えない。

仕事がオーバー・フローしているときは、他の事務所にでも仕事を回せばよいものを、そこの割り切りができない。

だから、自分では仕事をしているつもりなのに、逆に仕事に使われることになってしまう。

ここで、私が実践してきた時間管理の工夫について語りたい。六分間刻みの時間に追われながら、何とか健康に生き抜いてきた軌跡である。

仕事を優先しなければ生き抜けない厳しい状況のもとで、自分の生活時間を確保するためにどう対応していくか。これはどんな職種にも共通する問題だろう。

少し退屈かもしれないが、きっと仕事と人生を考えるヒントになることと思う。ちょうどグレゴリー・ペックがよい人生を送ったように。

「過剰」をまず整理せよ ・通勤時間の利用【三十代の工夫】

三十代はじめのロンドンでの生活は、私のライフ・スタイルに、決定的な影響を与えた。単純化すれば、「金銭よりも、自分に合った生活を送る」という大切さを学んだ。

当時のイギリス人弁護士のライフ・スタイルは、アメリカ流のそれとは、まったく違っていた。

夕方七時になるとパートナーの弁護士は帰宅するのが普通であった。夜はロンドン中心部のコベント・ガーデンでミュージカルを楽しんだり、友人を自宅に招いたり、聖歌隊の合唱に加わるという生活を楽しんでいた。週末にはガーデニングをしたり、壁紙の張り替えをしたりといったことに喜びを見出す先輩や同僚が多かった。

つまり、人生において金や名誉や地位もたしかに重要ではあるが、何ごともほどほどがよいのである。金や名誉や地位を過剰に求めるのは人間として未熟である。そんな雰囲気があった。

さて、帰国した私の頭痛の種は、通勤にあまりにも時間がかかることであった。ロンドン時代は、ロンドン郊外に位置するウィンブルドンの自宅から勤め先まで三十分足らずだったが、東京の郊外に住もうとすれば、通勤に一時間半はかかることを覚悟しなければならない。

一日二時間の通勤時間の差は、年間では五百時間の差となる。満員電車で立って通勤すれば、この五百時間をむだに過ごすことになるし、体に与えるストレスもはなはだしい。東京に住むことのハンディキャップは想像以上のものであった。

時間を有効利用するために、まず私が考えたのは、ＪＲの始発駅に近いところに家を借りることであった。始発駅から座って都心に通えば、通勤の一時間弱を仕事の資料を読むために使えるからである。

こうして日当たりの悪いボロ家を（妻も気が進まなかったのだが）借りた。その借家でさえ、駅から結構遠かった。面倒ではあったが自転車で駅まで出て、始発電車に座って通勤する生活が数年間続いた。

こうして、とにもかくにも朝の通勤時間の年間二百時間を、仕事のために確保したのである。

「朝」が一日を賢くする・朝は四時起き

私は、時間を有効利用するもう一つの工夫をした。

それは、朝四時に起きて仕事をすることである。

同業者は、朝十時頃に出勤して、夜の十時から十二時頃まで働く例が多い。だが、こういう働き方は効率が悪い。

契約や準備書面のドラフト、分厚い英文資料の検討などまとまった仕事をするには、昼間はどうしても無理がある。電話や会議や急な問い合わせで仕事はいつも中断され、一時間、二時間とまとまった時間をとるのは難しい。結局、夜にならないとまとまった仕事はできないのが普通である。

しかし、夜遅くまでの仕事が続くと、腰痛、肩こり、眼精疲労が当たり前となる。眠りも浅く熟睡もまれになる。遅かれ早かれ健康を害することは請け合いである。

こうした悪循環を避けるためには、早朝に自宅で仕事をするに限る。

仕事が押せ押せになった三十代後半から四十代、私は朝四時起きして仕事を処理する日が続いた。

朝に強かったわけではない。それなのに早朝の仕事をするようになったのは、それ以外の合理的な方法が思いつかなかったからである。

出勤前の三時間で集中的に仕事をし、さらに通勤中に一時間仕事をすれば、出勤までに四時間の仕事をこなすことができる。早朝の時間は凝縮された時間である。夜の弛緩した時間よりはるかに生産性が高いものである。

仕事の交際はそもそも水くさい・義理欠きとつき合い制御【四十代の工夫】

仕事というものは充分に手をかけ、徹底しなければライバルに勝てない。

だが、また、どれだけ時間をつぎ込んでも充分ということはない。

いい方を変えれば、仕事を完璧にこなすには、無限の時間を必要とする。

だから、仕事に絶対必要な時間以外は、できるだけ仕事絡みの時間を削り、自分のための時間をつくる努力をしなければならない。そうしなければ、一生仕事にまみれて生きていくことになる。

私にとって大切なことは何か。

①第一に「家庭」
②第二に「自分」
③第三に「仕事」

私は長年の間、こう心に留めてきた。だが、現実は違った。

実際、長女が生まれたときは南アフリカの顧客と京都に三日泊まりがけの出張だったし、長男が生まれたときはニューヨークに出張中だった。

建て前は別として、現実に家庭を仕事に優先することなどなかなかできることではない。いつも家庭を仕事に優先させていたら、生活さえ成り立たないことになるだろう。

そこで、「仕事に集中すべきではあるが、仕事をやりすぎない」という微妙なバランスが必要となる。

家庭第一主義を守ろうとしても、現実にはしばしば仕事最優先になるのが実情である。まして仕事第一主義を原則にしていたら、家庭を省みる時間はなくなってしまうだろう。

顧客からゴルフに誘われれば、たまには誘い返さなければならず、そこで知人を紹介され、その知人からゴルフに誘われて無碍に断わるわけにもいかず……と、ビジネス絡みのゴルフ仲間が増え続ける。自分のための時間がどんどん減り、ほとんどがビジネス絡みの時間で占められてしまう。

そんなことが続いて、結局「仕事絡みのつき合いは時間のむだ」と見切って、ビジネス上のつき合いはできるだけ減らすことにした。

はじめは断わり方が難しかった。だが、いまでは「お誘いはありがたいのですが、ゴルフは不調法ですから」と断わることにしている。

家庭第一主義を守るために、四十代半ばになって、私はできる限り「義理欠き」をし、社交を減らすようにした。冠婚葬祭、同級会やパーティーへの出席、同業者や顧客とのつき合いなどを意識的に減らしていった。

そうはいっても、当時は、つき合いを減らして仕事に影響しないかだいぶ心配したものである。

というのは、弁護士にとって社交はほとんど必須といえるからである。弁護士の広告が一部解禁された今でも、人脈こそは弁護士にとって新しい顧客を獲得するためのもっとも有力な手段である。

私の場合、結婚式は身内だけで簡単に挙げたが、先輩からは「弁護士たるもの、一流のホテルで披露宴をするのが当たり前だ」と諭されたものである。知人や顧客を二百人～三百人は呼んで、大々的な披露宴をするのが当然の時代だった。招待される知人や顧客にとっては迷惑なだけだろうが、弁護士にとってはそのくらい人脈が大切である。

弁護士が人脈を維持するためには、年賀状や暑中見舞いも有力である。「弁護士たるもの年賀状は少なくとも一千枚は出すくらいでないとだめです」と先輩から忠告されたが、私は忠告を守ったことはない。

一千人に年賀状を出し返事をもらったとて、形だけのやりとりにすぎないだろう。弁護士から定型印刷の広告まがいの年賀状をもらっても、相手は迷惑だろう。私は四十代でも年賀状は三百枚程度に抑えていたし、その後、段階的に減らしていって、五十代の半ばからはごく親しい人に限って七十枚程度しか出していない。

そもそもビジネスのつき合いは水くさいものである。水くさい人間関係に手間暇をかけるよりは、自分の時間をもつほうが、私には好ましい。

「メリット」と「時間」の交換・役職の辞任と在宅勤務の試み【五十代の工夫】

四十代半ばから、自分の時間を取ることがますます難しくなってきた。早朝四時に起きて三時間ほど自宅でまとまった仕事をしても、通勤電車の中で仕事の資料を読んでも、歩きながら仕事の処理を考えても、仕事は果てしない。

本来の業務に専念するため、それまで手軽に引き受けてきたセミナーを断わり、法律相談を他に代わってもらい、大学の非常勤講師を辞任した。

これらの行動は、一貫した考えの下に行なったのではなく、自分の時間がないことに嫌気がさし、発作的になした面が強い。

ただ、仕事をほどほどにしないと、老年に至って後悔することになる、という感覚が私にはずっとあった。

このようにして、ビジネス交渉、裁判、契約のドラフトなど本来の業務のみに集中し、周辺業務は切り捨ててきたが、些事、雑事は増える一方である。

そこで、五十代に入ってから、顧客とのつき合いも原則として断わることにした。

新しい顧客が「忘年会でもいかがですか」といってきたときには、「年末は忙しいので、またそのうちに……」と先送りし、新年会に誘われたときもやんわり断わってしまう。そのうち顧客もあきらめて誘わなくなる。

とはいうものの、顧問先の取締役や監査役を辞める際は、かなり躊躇した。

事務所経営上、顧問先の役員に就任するメリットは大きい。役員をやっていると会社の内部事情にも精通し、多くの社内、社外の人脈もできる。役員間の勢力関係や派閥情報など、社外にいては入手できない情報や、非公式情報が、さまざまなルートで入ってくる。顧問としての存在感を維持するためには、役員会に出ることは、何かと都合がよいのである。

たとえばある会社の場合、法律顧問を続けるかたわら、監査役や取締役を合計十数年も勤めてきた。数代にわたる会社のトップとも共に働き、気心も通じている。だから、今さら多忙だからという理由で役員を辞めるといっても、なかなか信用してもらえない。それに、私が辞めれば他の弁護士が役員に入るかもしれず、そうすれば他の法律事務所が法律顧問に就任するかもしれない。

そんな不安があったものの、体調維持を優先し、やむなく辞任した。

週に一度の在宅勤務の大効果・リタイアした印象を与えてはならない

五十代のはじめの頃、将来の在宅勤務を夢見て、自宅の一部を改築して仕事場を設けた。とりあえず、パソコン、ファックス、電話、コピー機、シュレッダーなどをそろえたのである。

だが、在宅勤務を強行するのは躊躇された。あまり夢ばかり追っていては、現実につまずいてしまうと気づいたからである。

しかし、イギリス時代を思い出すたびに、仕事一辺倒の現状に不満が鬱積した。五十代半ばの時、思い立って、週一日だけ水曜日は自宅で仕事をすることにし、その旨を年賀状で顧客にも通知した。それを知って友人は「そんなことをしたら顧客が来なくなってしまうだろう。やりすぎだ」と真顔で忠告してくれた。

たしかにそれは一理ある。

人生は囲碁よりは将棋に似ている。小さな一手が、将来に決定的な影響を与えることがあるのだ。因果の流れはきわめて微妙で、一手のミスが次のミスを呼び、さらに大きなミスを呼ぶことになりかねない。

五十代の半ばで「リタイア」した印象を与えては、顧客はライバルの事務所に移ってしまう。私の代わりの弁護士などいくらでもいる。

結局、このアイディアは予想したとおり実現が困難で、水曜も緊急用件のあるときは出勤したり、隔週の在宅勤務にしたりして、徐々に導入せざるを得なかった。

実際に根づくまで三年もかかってしまったのである。
しかし、週一日の在宅勤務でも、効果は絶大である。

①時間効果

往復の通勤に要する二時間半を、ほぼ完全に仕事に使うことができる。

②邪魔されない

急を要しない仕事や電話が大幅に減った。事務所に出ていれば取らなければならない電話も、さすがに自宅までは追ってこない。

③スタイルの自由

ジーパンやTシャツのふだん着のまま、BGMをかけながら余裕をもって仕事ができること。とくにネクタイをはずしゆっくりと仕事できるメリットは大きい。

ただし、在宅勤務も容易ではない。
物理的には仕事場がなければできない相談だし、家族も、仕事の時間はいっさいじゃまをしない原則を守ってくれないと困る。また、仕事と私生活の時間的けじめをキチンとつける習慣を身につけないと、怠惰に流れてしまう。

3 人生の「決断の精度」を高めていく

合理的に見れば人生は難しくない ・合理主義とは日々の生活で実践するもの

ちょっと意外だが、合理主義とは「一般に理性を重んじ、生活のあらゆる面で合理性を貫こうとする態度」をいう（広辞苑電子辞書版）。つまり、合理主義は生活のあらゆる面で実践されるものである。学問の世界やビジネスにのみ妥当するものではない。日々の生活の中で実践される合理主義こそ、本来の合理主義なのである。

というより、日々ものごとを合理的に考えて行動する生活習慣を身につけてこそ、学問でもビジネスでも合理的に考えることができるのである。

ダーウィンは、『種の起源』に関係する資料を整理するため、二十年間にわたって研究ノートをとり続けた。それができたのも、彼が合理的に生きる生活習慣をもっていたからであろう。

だが、私たちは、なかなかそうはできない。ビジネスの場面では合理的に考えようとするが、もっとも大切な日々の生活を合理的に生きようとする人には、めったにお目にかからない。

では、生活のすみずみまで合理主義を実践するためにはどうすればよいだろうか？もっとも有効なツールは、頭の中で考えるだけではなく、前述のようにメモをとることである。

頭の中で考えることは圧倒的に感情に影響されるものであり、しばしば堂々めぐりをくり返す。頭の中で考えることは、論理一貫しないことがほとんどである。できるだけ感情の影響を排し、理性的に考えるためには、いったん自分の想念をメモに記し、客観化することが必須である。

考えるという行為は、書くという行為を伴わなければ、思考として結実しないのだ。

身近な小事こそ合理性を大事にせよ・ダーウィンの「結婚損得表」

チャールズ・ダーウィンは、二十八歳の頃、結婚すべきかどうか迷っていた。ダーウィンがもっとも恐れたのは、結婚生活に伴う親類縁者とのつき合いに伴う時間の浪費だった。五年間に及んだビーグル号の航海から帰ったばかりのダーウィンにすれば、航海中に得た成果をまとめるため、いくら時間があっても足りない。結婚し、家族を養うため研究を犠牲にしたくはなかった。

この頃、彼は「結婚の損得表」をメモしている。

ああ、人の全生涯を、ハタラキバチのように、働き働き、その他に何もしないで費やすと考えることは耐えられない。――否、否、そうしたくない――。

これに反し、独身を貫けば、自由がある。行きたいと思うところへ行ける自由――社交界の選択。そしてそれがわずかですむ。クラブでの賢い人たちとの会話。――親戚を訪問しないですむし、さまざまの些事にわずらわされないでよい

――子どものための出費と心配をしないでよい――おそらく口論しないですむ。

しかし、独身もいいことずくめではない。彼は悩む。

足元のふらつく老年になって、友人もなく、冷たく、子どももなく、すでに皺《しわ》の寄り始めた自分の顔を見つめつつ、孤独の生涯を送ることはできない。

子どもなし、（老後の生活なし）年とってから誰も面倒をみてくれない――身近な親しい友人たちからの共感なしに仕事して何の役にたつか――親戚を除いて、老人にとって身近な親しい友だちがあるだろうか。

結婚生活は安穏をもたらすかもしれないが、一方ではわずらわしいつき合いと時間の浪費がついて回る。しかし老後に待っているのは恐るべき孤独である。いずれかをとるかで、ダーウィンは逡巡する。研究をとるか家庭をとるか……。彼は揺れ動く。

人が一日中、煙にまみれて汚いロンドンの家で孤独に暮らすことを想え。ただ、暖い暖炉のそばのソファに座るすてきなやさしい妻と、書物と、そしてたぶん音楽とだけを、心に描け――この幻想とグレート・モールバラ街のうす汚れた現実とを比較せよ。結婚――結婚――結婚。(『ダーウィン自伝』チャールズ・ダーウィン　八杉龍一、江上生子訳　筑摩書房)

堂々めぐりをくり返した上で、最後に彼は、「結婚が必要であることが証明された」と結論づける。青年ダーウィンは迷いに迷った末、ほどなくエマ・ウェッジウッドと結婚した。

結婚問題さえ合理的に考えようとするダーウィンのアプローチは、行きすぎと見えるかもしれない。結婚のような問題は、私たちは好き嫌いで判断しがちである。そしてひたすらまっすぐ一本道を突き進んでしまう。ちょっと立ち止まって、独身主義と結婚生活の利害得失を比較しようとはなかなか思わない。

しかし、私の見るところ、人生の節目節目でものごとを合理的に考えるかどうかで、人生は大きく変わってくる。身近なことについてもできるだけ合理的にものごとを考えれば、そうでないよりははるかにうまくいくものである。

身近なことを合理的に考える習慣のない者が、大事に際して合理的に対処できるとはとうてい思えない。というより、日々ものごとを合理的に考えて行動する生活習慣を身につけてこそ、学問でもビジネスでも合理的に考えることができるのである。

結果としてダーウィンの結婚は大成功で、彼は生涯を通じて幸福な結婚生活を送った。ダーウィン夫人は、吐き気、目まい、不眠症に悩まされ、長期の病身生活を送ったダーウィンを支えた。

息子たちに宛てた書簡で、彼は、「家庭にいるときが私はいちばん幸福だった」と結婚生活を振り返っている。

この人は私の生涯を通じて、私の賢明な助言者であり、快活な慰安者であってくれた。この人がいなかったら私の生涯は、非常に長い期間、病身のためにみじめなものになってしまっただろう。お母さんは、身近にいる人たちのみんなに愛され賞讃されてきた。（前掲『ダーウィン自伝』）

結婚するかどうかではさんざん迷い抜いたダーウィンであったが、この結婚は最善の選択だった。こうも妻に感謝し、家庭を大切にするのは、よほど幸福な結婚であったに違いない。

彼はどのような社交より、家庭の団欒《だんらん》を楽しんだのである。彼は「幸福な奴隷」として一生を過ごした。

合理性から遠い人は幸福からも遠い
・離職時のリスク評価表

合理的にものごとを考えることの難しさは、私もいやというほど体験している。

二十代半ばでサラリーマンを辞めたときに、私はほとんど合理的に考えていなかった。その後弁護士となり、東京にある大手のアメリカ系の法律事務所に勤めたが、やがて独立することを決断した。

まだ若く、自分の顧客も皆無だったから、独立は危険な選択であった。

私は、このまま事務所に残った場合と、独立した場合のリスクを三段階に評価した比較シートを作成した。

評価の基準となったのは、①人間関係、②仕事の質、③仕事の自由度、④忙しさ、⑤収入、である。前ページの表が、もっともよいのが3点、もっとも悪いのが1点とした、当時の評価シートである。

独立すれば一国一城の主だから、弁護士同士のわずらわしい人間関係の問題は解消される。当初は仕事も少ないから、深夜まで仕事に追いまくられることはない。忙しさの点で問題はない。ただ収入は激減するだろう。

これらの五つの項目について、私はざっと評価してみた。

リスク比較シート

評価基準	独立	現状
①人間関係	3	1
②仕事の質	2	3
③仕事の自由度	3	2
④仕事の忙しさ	3	1
⑤収入	1	3
合計	12	10

その結果、独立した場合と事務所に残った場合の合計点の差はわずか2点であり、どちらがよいともいえなかった。

だが、それはそれでよい。評価シートはあくまで自分の考えをまとめるための一助にすぎないからである。

結局「どちらも大差ないなら辞めよう」と私は決めた。

三十代半ばにしてはじめて、私は合理的にものごとを考える術を身につけはじめたようである。社会人としての十数年の歳月と読書癖は、私を多少は賢くしたのである。

振り返ると、二十代に会社を辞めたときは、感情主導型であったが、三十代に事務所から独立したときは、合理的にものを考えるきざしが見え始めたのである。

そして五十代になってからは、合理的思考を貫くことの必要をはじめて明確に意識するようになった。それはちょうど自己を客観視する軌跡とも重なっている。

「たかが遊び」も非合理におぼれるな・身近な反合理思考「血液型ハラスメント」

ところが世の中では、非合理的、反合理的な考えに淫している人がいる。たとえば、血液型性格判断がそれである。

ある日本企業から解雇問題の相談を受けた時、「あの社員はA型だから神経質で、同僚とうまくやっていけない」とか「××部長は、O型だから社員をえこひいきして困る」とか話が出たことがある。そういえば、大学生対象の調査でも「隣人としてA型やB型は避けたいタイプ」との答えが多いそうである（二〇〇〇年一月十四日付日経新聞「春秋」）。

もっと驚いたのは、あるフランス企業の日本の子会社のケースだ。人事評価書の中に、血液型の欄があったのである。血液型を人事評価の一助にするとは！　こうなると、もう血液型ハラスメントの類である。

さすがに理由を尋ねると、子会社の設立時に、人事担当者であった日本人が血液型判断に凝っていて決めたという。当時は個人情報の保護について議論もされていなかったが、私は人事評価を変えるよう助言した。

いうまでもなく、血液型と性格の関連性を示す客観的証拠は何もない。

ちょっと考えてみればわかることであるが、性格は脳の働きにより左右されるものである。また、病気をしたり、老化によって性格は変わる。高血圧で怒りっぽくなったり、精神的変調から猜疑心が強くなったり、薬の副作用で性格が変わることはよく見られるところである。性格は変わるが、血液型は変わらないのだから、血液型と性格が対応するはずはない。

血液型には赤血球型（ＡＢＯ式、Ｒｈ式など）だけでなく血清型、酸素型、白血球型などがある。赤血球型にもＡＢＯ式の他、Ｒｈ式やＭＮ式などあり、なぜＡＢＯ型だけが性格判断できるのか根拠はない。

だいたい血液型判断の起源もいかがわしい。一九二七年、当時の東京女子師範学校（現・お茶の水女子大学附属高等女学校）の古川竹二教諭が、十一名の親族を観察し、「Ａ型とＡＢ型は受動的」「Ｏ型とＢ型は活動的」というように、血液型と性格との間に関係があると発表した。この論文は、その後多くの追試が行なわれ、データは不足、根拠は薄弱として廃《すた》れてしまった。

その後四十年を経て、作家の某氏が、本や週刊誌で血液型判断を復活し、一九八〇年代に一躍大ブームとなったのである。これに便乗して、女性誌が定期的に血液型性格判断や血液型占いの特集を組むようになった。

朝日新聞もかつて「血液型の周辺」という好意的な記事を載せたし、企業トップの血液型を紹介するなど、無自覚的に血液型判断を普及させている。この傾向は他の新聞も同じである。こうしてジャーナリズムは「血液型ステレオ・タイプ人間観」を助長してきた。

こう批判すると、「たかが遊びではないか」としたり顔で反論する人が必ずいるものだ。「たかが遊び」だからこそ危ないのである。このような身近な問題を日頃きちんと考えることができるか否かが、大きな問題を考える時のベースになる。

血液型性格判断を信じるか否かは、私たちが合理的思考を身につけているか否かを見る手頃な試金石である。

4 誰もが苦しむ「不機嫌」の撃退法

気の持ち方を革命的に変える・人生はすべて主観の世界

一九六九年の『未来研究』に、サラリーマンの生活時間を分析したおもしろい調査が載っている。サラリーマン生活を三十年と仮定した場合、どのように時間を使っているかという調査である（『生涯教育』森隆夫　日本経済新聞社）。

三十年間を日に換算すると、約一万一千日になる。

その中で最大を占めるのは睡眠時間で、三千五百日だ。

次に大きいのが不機嫌な時間。千六百日。

食事が七百日。

人の噂をしているのが四百五十日。

トイレに入っているのが百二十日。

夫婦喧嘩が六十日。

問題は、睡眠時間の次を占める二番目が「不機嫌な時間」であることだ。睡眠時間を除くと、起きている時間の二二パーセント弱は不機嫌な時間が占めていることになる。人々の悩みは果てしないものである。

当時は日本が高度成長を遂げていた時代で、国民が一丸となって坂の上の雲を追って走っていた幸せな時代である。にもかかわらず、人々は不機嫌に生きているのである。

私たちはいま、史上めったにない豊かな社会に住んでいるが、やはり悩みは尽きない。

なぜ私たちは毎日を眉をひそめて生きているのか。

それは、実は「悩みが客観的に存在している」と誤解しているからである。

二十代の頃、私は会社を辞めて司法試験を受けようかと、二年近く迷っていた。

悩みに悩んだあげく、偶然、二冊の本に出会った。

一冊めはたしか、『一流主義』というタイトルだった。細かいことは忘れてしまったが、一つ、いまも覚えているのは「人生即主観」というコピーである。「この世界は客観的な存在ではなく、各自のものの見方や解釈のしかたによってさまざまに現われてくる」というような主旨であった。おそらく、ストア派の哲学者エピクテトスの教えを下敷きにしている。「人生即主観」をひらたくいえば、「すべては気の持ち方次第」ということであろうか。

よく引かれる例だが、コップにミルクが半分入っているとき「半分しかない」と考える人もいるし、「半分もある」と思う人もいる。

当時の私は、間違いなく「半分しかない」派だった。

当時は終身雇用が一般だったし、それが日本的雇用慣行の強みと考えられていた。転職は異端視されており、司法試験に失敗してもどこかにまた勤めればよいというわけにはいかなかった。そういう状況の下で、受験のため辞職するというのは大変なことであった。

それが『一流主義』を知って、私の気持ちは大きく動いたのである。

自分が未来を恐れるから、未来が恐ろしく見えるのではないか。私の未来が「客観的」に恐ろしいわけではないだろう。同じ状況でも、それを受けとめる人の「主観」により、状況は完全に変わってしまう。その人の性格、価値観、気力、体調のよし悪しなどによって、世界はさまざまな様相を見せるのではないか。

これからの人生は、自分の考えしだいで、どうにでも変えられるに違いない。

道を「開く」と「閉ざす」のたった一つの違い・道を開く生き方

私がめぐり会ったもう一冊の本は、デール・カーネギーの『道は開ける』（創元社）である。

カーネギーのいっていることは簡単だ。

「積極的にものごとを考えなさい。そうすれば道は開ける」

みじめな考えをもてばみじめになる。恐ろしいと考えれば恐ろしくなる。失敗を考えれば失敗する。こんな否定的な考え方はやめなさい。楽しいことを考えよ。成功を考えよ。人の人生は当人の思考によってつくられるのだ。常に人生の明るい面に光を当てよ。そのようにものを見るように心の持ち方を変えよ。

この本で、私は完全に目からウロコがとれた。私は消極的な「心の癖」を直さなければならない。

思い切って飛ぶところに道は開ける。

彼の言葉に背を押され、私は、サラリーマンの足を洗い、受かるかどうか、まったく保証のないままに、司法試験に踏み出したのだった。


家の近くの新小金井街道は、別名ラーメン街道といわれるくらい多くのラーメン屋が店を構えている。ここに進出しようとして市場調査をしたら、まず、否定的な結果が出てくるだろう。熾烈な競争の中に飛び込んでうまくいくとは思えない。

だが、逆の考え方も可能である。おいしく、安いラーメンをこぎれいな店舗で愛想よく提供すれば充分勝ち抜くことができるだろう。とにかくお客さんは遠くからも集まってくるのである。あとは自分の店に入ってもらう算段だけである。

このように、すべてはその人の考え方次第である。

後ろ向きの人にはチャンスもやってこないし、人生も微笑まない。人の未来はその人の考え方次第である。未来はこうと決まっているわけではない。その人の考え方と努力によって未来は無限のバリエーションを見せるものである。このように確信しなければ道は開けない。

大胆に、積極的にものごとを考えること。消極的考えにとらわれやすい脳という器械の癖を徹底して直すこと。道を開くためにはそれが必要である。

笑顔のない人生に進歩はない

・顔色容貌が活発愉快であること

紀元前四世紀のギリシャに、生涯九十年を通じてニコニコと笑っていたという男がいた。名をデモクリトスという。

当時は「ゲラシノス」（笑う人）といわれたが、いまでは「笑う哲人」と呼ばれている。アリストテレスをしのぐ大天才といわれる。

デモクリトスの生きた時代は、戦乱、火山の爆発、飢餓、疫病の流行が続いた、過酷な時代だった。生涯を通じて快活に生きるデモクリトスは、生半可な人間ではない。

残念ながら彼の著作はほとんど残っていない。

だが、わずかに残された断片で彼は「賢人は憂えず」といっている。賢人というものはいたずらに悩まないものだ、というのである。

「悩まないことが賢人の資格である」といい換えてもよいだろう。

彼は単純に明るいだけの人物であったのでない。

たとえば、「自分の死後には何も存在しない」と多少虚無的な考えをもっていた。自分の人生について、それほど幻想を抱いていなかった。人生というものは過酷で不条理であると見切った上で、だからこそ毎日の生活を楽しく過ごさなければならないと、考えていたようである。彼にとっては、深刻な悩みも「隣の部屋のゴミ」のようなものであったろう。

時代は違うが、福沢諭吉も快活であることが、生きていく上でもっとも大切な条件と考えた。

顔色容貌の活発愉快なるは人の徳義の一箇条にして、人間交際においてもっとも大切なるものなり。（『学問のすゝめ』福沢諭吉　岩波文庫）

昔からニコニコ、微笑みの絶えない人を「福相の持ち主」といったものである。誰だって、苦虫を噛みつぶしたような顔と接しているよりも、ニコニコとやわらかな笑顔の持ち主と接するほうを好むだろう。

看護師や飛行機のアテンダントも、常にやわらかな笑顔を浮かべている。職業上の笑顔だとわかっていても、笑顔には心をなごませる作用がある。同じ人生なら、快活に人生を送りたいものである。

5 「多忙」と最終的に決別する

私はなぜ「多忙を装う」のか・人脈をつくるコスト

私が弁護士になりたての頃は、いまと違って、弁護士の広告に対する規制がきわめて厳しかった。新しい顧客といえば、親戚とか、学友とか、先輩とか同業者の紹介によるものがほとんどであった。

だから、一本立ちするためには、どうしても人脈を広げる必要がある。まめに同窓会や異業種交流会や知人のパーティーに顔を出し、顔を売ることが必須であった。交際の広さが弁護士の勲章。

こんな錯覚にとらわれ、私も三十代の半ばは、人脈づくりに励んだものだった。

だが、パーティーで行きずりの人と話しても、二次会で飲み明かしても、ただ精神的、肉体的な疲労が増すばかり。名刺の数は増えるものの、気の進まない人とのつき合いが広がるだけである。

世にいう友情などは一種の利害関係にすぎない。利害関係をオブラートに包み取引をするだけのことである。（ラ・ロシュフーコオ）

こうして数年間、わずかばかりのビジネス・チャンスを得るために、膨大な時間を費やすはめになった。そのうち仕事は徐々に増えていったが、それはこうした人脈とはまったく関係ないところからの紹介だった。

わかったことは、日々の仕事を丁重にしていれば、人の噂を通して仕事は確実に増えていくことである。

こういう経験を経て、私は今では「多忙な人は思慮分別が足りないのではないか」とひそかに考えている。多忙を自称する人は、目立ちたがり屋にすぎなかったり、仕事の段取りが悪かったり、生き方を深く考えたことがないように見えるからである。

もっとも、こういう私も人のことをあげつらうことはできない。会議だったり外出中だったりして、外部からの電話が一度で私に通ずることはほとんどない。「矢部は多忙で容易につかまらない」ことになっている。

だが有り体にいうと、私は多忙というよりは「多忙を装っている」にすぎない。多忙を口実にして、些事、雑事からみずからを防衛しているにすぎない。

人通りの多い道ほど人を迷わせる ・モラリストは隠れて生きた

テレビやインターネットのなかった古きよき時代でさえ、世間に出ることを嫌悪した哲学者やモラリスト（人生探求家）は数多い。

ましてマスメディアが過剰に発達した現代では、世間に出ることの弊害は、はなはだしい。

マスメディアに露出すれば、どこに行っても人の視線にさらされ続ける。いわれのない批判や中傷はいうに及ばず、ときにはストーカー的ないやがらせさえ受ける。これらは決して例外ではなく、世間に出ることの必然的な代償である。だから、かつてのモラリストたちの多くは、「隠れて生きる」を理想としたのだった。

社交の害については、多くのモラリストが警告している。

もっとも人通りの多い道ほどもっとも人を迷わせるものである。気まぐれな人気の支配する人の集まりから離れるだけで、人は健康になる。

何事についてもそうだが、社交についても節度を守らなければならない。絶え間なく人と交際していれば、誰も精神的害を受けずにはすまない。

キリストでさえ、ときには人との交わりを避けて神に祈らなければならなかった。いつも大勢の人に取り巻かれている神父たちの場合も、やがて彼らの精神力は衰えてしまう。（ヒルティ）

パスカルが社交を避けた理由
・パスカル「考える葦」への軌跡

思想家パスカルも一時社交に惑わされたが、三十代はじめには、ほとんど社交を絶ってしまった。

パスカルは当時の新興貴族であった「法服貴族」の家に生まれ、言葉を話すようになるとすぐ非凡な才能を示し始めた。その神童ぶりは年と共にめざましくなり、衰えることがなかった。

パスカルは十二歳のときに、「三角形の内角の和は二直角である」という「ユークリッド第一巻の第三十二命題」を直感的に見抜き、証明法を探求した。十六歳の時には『円錐曲線論』を発表して「アルキメデス以来」と賞賛され、当時の数学界の第一線に立った。

パスカルは二十八歳から三十一歳までの約三年間、社交界に出入りするようになる。いわゆる「パスカルの世俗時代」である。

著名な公爵夫人のサロンで講演や実験を行なう一方、幼友だちだったロアネーズ侯爵とも親交を結び、彼は社交界でたちまち名声を博した。

「世俗時代」のパスカルは、社交界の華やかさに一時は目をくらまされたようである。しかし、次第に彼はその愚かさに気づいていく。

社交界に出入りしてみると、享楽のうちに日々は過ぎ行き、ものごとを静かに味わうことができなくなる。自分の愛しているすべてのものがやがては滅びてしまう日が確実に到来するにもかかわらず、人々は日々の享楽に時を過ごしている。パスカルはこのような虚栄の集まりに耐えられなくなる。

こうして、社交界にわずか三年で見切りをつけ、彼は三十一歳のときにポール・ロワイヤルに隠遁する。

ポール・ロワイヤルはパリの西南三十キロにある田園で、尼僧の修道院があり、社会的地位をなげうって隠遁した人々も多く住んでいた。この地で彼は魂の救われるのを感じ、急速に信仰への道を歩んで行く。そして後に『パンセ』（フランス語で「思想」の意味）として知られる著作にとりかかった。

パンセの中で、もっとも有名な「考える葦《あし》」の一節は、隠遁生活の思索の中でしか生まれなかったであろう。


　人間はひとくきの葦にすぎない。自然の中でもっとも弱いものである。だが、それは考える葦である。彼を押しつぶすために、宇宙全体が武装するには及ばない。蒸気や一滴の水でも彼を殺すのに充分である。だが、たとえ宇宙が彼を押しつぶしても、人間は彼を殺すものより尊いだろう。なぜなら、彼は自分が死ぬことと、宇宙の自分に対する優勢とを知っているからである。宇宙は何も知らない。

だから、私たちの尊厳のすべては、考えることの中にある。(『世界の名著29 パスカル』責任編集・前田陽一 中央公論社)

ここに「完全な自由と休息」が待つ ・デカルト「隠れたる者はよく生きたり」

デカルトは「よく隠れたる者はよく生きたり」を生活の信条としていた。ヨーロッパ各地を放浪し、二十九歳のときにパリに帰ったデカルトは、パスカル、哲学者のホッブス、小説家のバルザックなど一流の知性が集うサロン(後のフランス科学アカデミー)に出入りした。

しかし、デカルトは一流の知識人との交際にも心を魅かれなかったらしい。社交に淫して、貴重な自由時間を失なうことを彼は恐れた。彼とて名声を望まないわけではなかったが、それ以上に名声を恐れた。名声は人の自由と休息を奪うからであった。

彼は、わずらわしいパリの雰囲気を嫌って、早くも三十二歳のときにオランダに隠遁し、五十三歳までの二十一年間をそこで過ごした。

この間デカルトは『方法序説』や『省察』の著作にいそしんだ。パリを離れて、彼はオランダで完全な自由と休息を得たのだった。

彼は、友人への手紙の中で次のように述べている。

私は静かにしていることを激しいまでに望み、それをかき乱す者はすべてその影さえ避けようとする人間です。（ホイヘンス宛手紙）

誰かが私に好意を寄せてくれるのがいっこうにうれしくない、などと思うほど私は世間嫌いではありません。だが、私は好意を寄せてくれる人よりも私に全然かまってくれない人の方がはるかに好ましいのです。

私は名声を望みますが、それ以上に名声を恐れます。名声は人の自由と休息を奪うからです。私は自由と休息をこのオランダで完全に得ています。どれほど金持ちの王様でも、私の自由と休息を買いとることはできません。（メルセンヌ宛手紙）

幸福の極地は「自足」にある・考える者は孤独を好む

悲観主義の哲学者ショーペンハウアーも、社交を忌み嫌った。「精神力豊かな人は孤独であっても空想の世界で大いに楽しむことができる。だが精神の貧しい者ほど孤独を嫌う」というのが、彼の信念だった。

誰でも精神的に貧弱で何事によらず下等な人間であるほど、それだけ社交的であることが知られるであろう。（『幸福について・人生論』ショーペンハウアー　橋本文夫訳　新潮文庫）

精神の優れた人にとっては、孤独は自分の思想に専念することができるから、むしろ歓迎すべきである。自分に自足して生きる「賢者の孤独」こそ幸福の極地、と彼は考えたのである。

参考文献

（該当箇所で出典を明示してあるもの以外は、左記の文献から引用し、または再構成した）

『幸福論』ヒルティ　秋山英夫訳　角川文庫
『眠られぬ夜のために』（第一部、第二部）ヒルティ　草間平作、大和邦太郎訳　岩波文庫
『人生論』ヒルティ　秋山英夫訳　角川文庫
『みずから考えること』ショーペンハウアー　石井正訳　角川文庫
『自殺について』ショーペンハウアー　石井正訳　角川文庫
『幸福について・人生論』ショーペンハウアー　橋本文夫訳　新潮文庫
『箴言と考察』ラ・ロシュフーコオ　内藤濯訳　岩波文庫
『幸福論』アラン　石川湧訳　角川文庫
『随想録』（上、下）モンテーニュ　関根秀雄訳　新潮社
『モンテーニュ逍遙』関根秀雄　白水社
『友情論』ボナール　安東次男訳　角川文庫

本書は、二〇〇五年十月に成美堂出版より刊行された
『弁護士の仕事術・論理術』を改題したものです。

著者紹介
矢部正秋（やべ　まさあき）
ビジネス法務を専門とする弁護士。東京大学大学院修士課程、ワシントン大学大学院修士課程（フルブライト奨学生）を修了。自動車会社で契約業務に携わった後、弁護士に転身。ロンドンの法律事務所で多くの国際交渉に参画し、独立。傘下に5000人の弁護士を有する国際弁護士ネットワーク（ILN）のアジア・太平洋地域代表理事、日本企業・外資系企業の監査役・取締役などを歴任してきた。
著書に『プロ弁護士の思考術』『プロ弁護士の処生術』（以上、PHP新書）などがあるほか、多くの論文がある。

ＰＨＰ文庫　プロ弁護士の仕事術・論理術

2015年１月21日　第１版第１刷

著　者	矢　部　正　秋
発行者	小　林　成　彦
発行所	株式会社ＰＨＰ研究所
東京本部	〒102-8331　千代田区一番町21
	文庫出版部　☎03-3239-6259(編集)
	普及一部　☎03-3239-6233(販売)
京都本部	〒601-8411　京都市南区西九条北ノ内町11
PHP INTERFACE	http://www.php.co.jp/
組　版	朝日メディアインターナショナル株式会社
印刷所 製本所	共同印刷株式会社

ISBN978-4-569-76279-1